実践！コード進行とスケールを意識した

メロディを作るためのアイデア&アレンジ

彦坂恭人・編著

メロディを作るためのアイデア&アレンジ

譜例音源について

音源あり … この表示がある譜例は、YouTube の動画で参考音源を聴くことができます。

スマートフォン…「音源あり」がある譜例（曲）は、「**Section 最初のページの QR コード**」を読み込むと、動画にアクセスします（Section のページは Contens を参照）。または、右記の QR からプレイリストにアクセスし、該当の動画を探してください。

プレイリスト

パソコン………… 自由現代社のチャンネルから探す、または YouTube 内、検索窓から「実践！メロディを作るためのアイデア＆アレンジ」でアクセスしてみてください。

【自由現代社の YouTube】https://www.youtube.com/@JiyuGendaiVideo

Contents

第 1 章　様々なメロディの特徴や作り方を知ろう

第2章 メロディを定番のコード進行に乗せてみよう

第3章 メロディからアレンジに発展させよう

まえがき

ひとくちに「メロディを作る」といっても「歌もの」「劇伴」「環境音楽」等、用途によりフレーズの作り方（傾向）は変わってきます。さらに、「歌もの」であれば「A・B・サビ」等の展開もある為、それぞれに適したフレーズは異なり、楽曲の流れに左右される部分が大きいと言えるでしょう。現代の制作現場においては「A」、「B」、「サビ」のメロディを分業して作るケースも増えてきており、その場合は役割も細分化されます。

このように書くと「難しそうだな」、「メロディを作るって大変なのかな」と悩んでしまうと思いますが、まずは「気軽にワンフレーズを作るところから始めよう！」というのが本書のスタンスです。人に聴かせて恥ずかしくないフレーズ、商業的に売れるフレーズを作らねばと思い詰めてしまっては、作曲自体が苦行になってしまいます。

AI（人工知能）による作曲も興味深いですが、フレーズを「**自ら生み出す楽しみ**」を知ってから活用しても遅くはないでしょう。

「天からフレーズが降ってくる」状態を作るには膨大な楽曲を聴き、自分なりに体系化（無意識であれ）する必要がありますが、技術論やノウハウが無意味か？といえばそんなことはありません。本書に出て来るトピックやフレーズをヒントに、皆さんが「メロディの世界」を広げて行くことを願っています（過去の日本の名曲のタイトルも可能な限りたくさん紹介しています）。

もう一点だけ、作ったメロディは自分で「声に出して歌ってみる」。これが、メロディ作りの上達の秘訣です。

作・編曲家
彦坂恭人（Yasuto Hikosaka）

第１章

様々なメロディの特徴や作り方を知ろう

Section 1-1

基礎知識
～メロディを作る前に押さえておこう～

男性ヴォーカルと女性ヴォーカルの有効音域

音域には「個人差」がある為、絶対的な基準は存在しませんが、ポップスの場合は多くの人々が歌える音域に設定するのが慣例です。

下記の図が一般的な音域ですが、これはクラシックの声楽で言うところの「**テナー**（男声の高い方）」、と「**アルト**（女声の低い方）」に相当します。上限と下限はさらに２度～３度拡張できますが、多用は避けるべきです。特に、高音は無理に歌っていると苦しくなるケースもあるので気を付けましょう。

◆図１　男性ヴォーカルの音域と女性ヴォーカルの音域

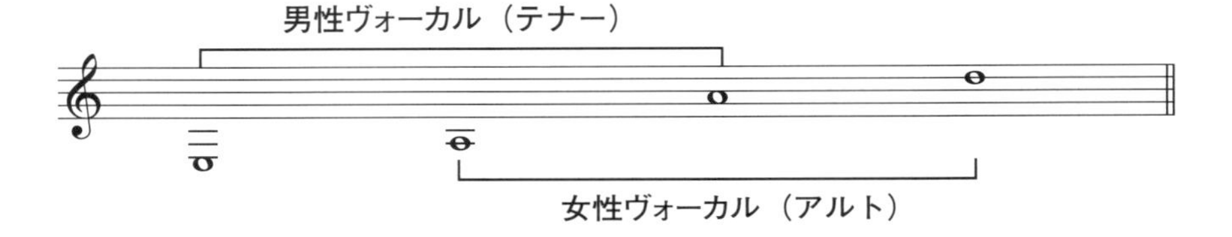

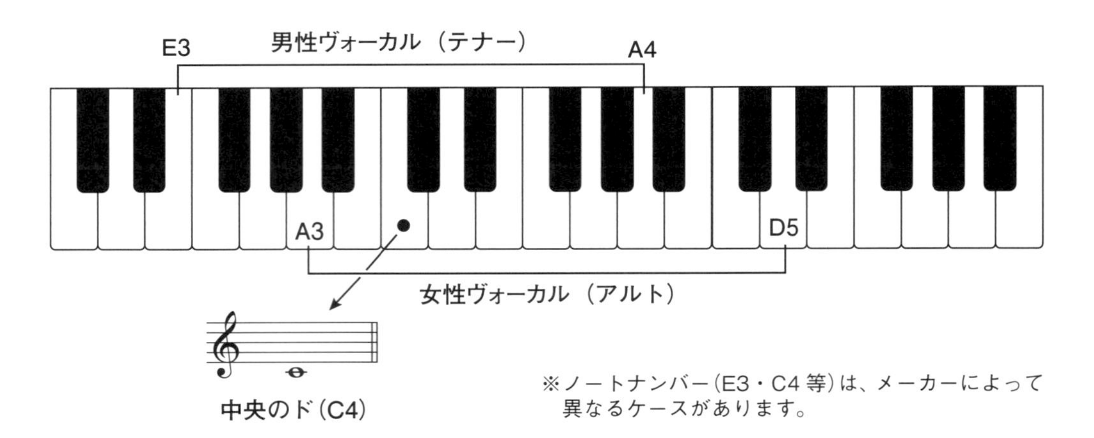

※ノートナンバー(E3・C4等)は、メーカーによって異なるケースがあります。

男性ヴォーカルは、記譜をする際に五線譜を大幅に超えてしまうので、1オクターブ上げるのが通例です。

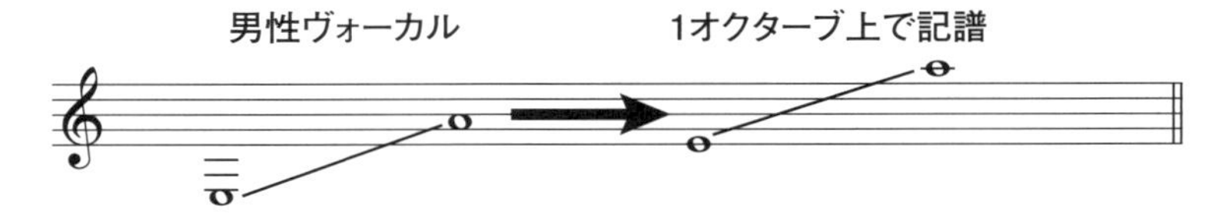

テンポとビート

テンポはBPM（Beat Par Minute）とも呼ばれ、「**1分間で4分音符を何回打つか**」を表します。例えば時計の秒針は1分間に60回（秒）刻むので、BPM=60です。BPM=60の楽曲をイメージしてみると、かなりスローな音楽だと分かると思います。右記に大まかな基準を示しておきます。

▼ テンポ（曲の速さ）

- ミディアム（♩=100～130）
- アップテンポ（♩=130～180以上）
- バラード（♩=60～100）

1980年代や90年代のポップス、またはアイドルソング等をBPMで分類してみると分かりますが、ノリの良い**BPM=120～150**辺りに集積しているのが分かります。近年の忙（せわ）しない世相も相俟って、ゆったりした音楽が減って来たように感じます。

▼ ビート（拍の感じ方）

- 8ビート［エイトビート］（ロック、ポップス等）
- 16ビート［シックスティーンビート］（R&B、ソウル等）
- 4ビート［フォービート］（ジャズ等）

◆ 譜例1　8ビートと16ビート

音源あり

◉8ビート（8分音符を基本としたビート）

◉16ビート（16分音符を基本としたビート）

数字だけ見ると、8ビートが遅くて16ビートが速いと勘違いするかもしれませんが、ビートは速さではなく、拍の「**感じ方**」や「**刻み方**」を表す概念です。ビートが細かくなるのは、それだけ一拍の解像度が上がるので、寧ろ「**テンポはやや遅くなる傾向がある**」と言えるでしょう。

次の４ビートは、８ビートや 16 ビートと違って「**ある程度速いテンポ**」でないと間が保てません。

◆譜例２　**４ビート**　音源あり

４ビートは、アップテンポで映えると言えます。

ベースの動きはジャズ特有の「**ウォーキング・ベース**」と言われるもので、まさに一歩一歩進んで行くようなリズムになります。

このように、Beat（拍）は速さとは別の概念であり、あくまでも「**拍の感じ方**」であると認識するのがとても大切です。

歌ものの形式と段落（セクション）

楽曲形式については、それだけで一冊の本が書けるくらい多種多様なので、あくまでも現在のポップスでよく使われるパターンを中心に紹介します。大枠として下記のようなスタイルがあり、それらが発展していきました。それぞれのセクションは、**８小節で構成される**のが基本です。

- A → A → B
- A → B →サビ

楽曲を構成する最小単位は「**４小節･８小節**」です。テンポにもよりますが、４小節は短い「ジングル（例えば電車のホームの発車音）」、８小節であれば「テレビ CM」等があげられます。

この場合、聴く人にある程度の「解決感」を与えるように作る必要があるので、ポップスであれば「A メロ」よりも「**サビ**」を使った方が効果的だと言えるでしょう。

反対にシングルカットされる楽曲では、これだと短すぎます。例えば、映画館に入って 15 分でエンディングを迎えてしまう作品ではブーイングが起きてしまうでしょう。そこで、敢えて出だしはアクセルを全開にせず、**聴き手の耳に楽曲を馴染ませたり、楽曲の世界に引き込む為のメロディ**を書く必要がある訳です。それが、「**A メロ（８小節）**」と呼ばれるものです。

英語では下記のように呼ばれます。

- Aメロ＝ Verse（ヴァース）
- Bメロ＝ Bridge（ブリッジ）
- サビ＝ Chorus（コーラス）、Refrain（リフレイン）

※現代は大サビや落ちサビ等もあり、各セクションの役割が変わっています。

- Aメロ＝ Verse（ヴァース）
- Bメロ＝ Pre Chorus（プレ・コーラス）
- サビ＝ Chorus（コーラス）、Refrain（リフレイン）
- C メロ（大サビ）＝ Bridge（ブリッジ）

さて、現代の歌謡形式 A → A → B →サビの萌芽(ほうが)は 1970 年代前後に現われて来ます。

▼ A→A'→B→A'（Bは現代のサビに近い）

昭和歌謡の王道パターンと言えるでしょう。かなり古い曲ですが、今聴いても色褪せない名曲であり私も大好きです。ネットでも聴けますので、是非一度聴いてみてください。

- **恋のフーガ（1967）／ザ・ピーナッツ（作詞：なかにし礼　作曲：すぎやまこういち）**
- **真赤な太陽（1967）／美空ひばり（作詞：吉岡 治　作曲：原 信夫）**
- **いい日旅立ち（1978）／山口百恵（作詞・作曲：谷村新司）**
- **クリスマス・イブ（1983）／山下達郎（作詞・作曲：山下達郎）…etc.**

すぎやまこういち先生は、ドラゴンクエスト・シリーズの作曲家としても有名ですね。

▼ A→A→B→C

形だけを見ると現代の歌謡形式に似ていますが、C はサビではなく楽曲の〆（しめ）、クールダウンの為に作られている印象を受けます。B も 4 小節だったりと現代の感覚からすると変則的に感じます。
※荒井由実とは、現在の松任谷由実（ユーミン）です。

- **あの日に帰りたい（1975）／荒井由実（作詞・作曲：荒井由実）**
- **木綿のハンカチーフ（1975）太田裕美（作詞：松本隆／作曲：筒美京平）**
- **勝手にしやがれ（1977）／沢田研二（作詞：阿久 悠　作曲：大野克夫）**
- **つぐない（1984）／テレサ・テン（作詞：荒木とよひさ　作曲：三木たかし）…etc.**

▼ A→A→B→サビ（A→B→サビ）

主に、1990 年代から現在に至るまで王道として定着しているパターンです。2010 年代頃からは、アーティストによってはかなり多様性が見られますが、アイドル（ソロ・ユニット）・アニメソングに限って言えば、作家コンペ（コンペティション）のデモの段階でこの形式が標準になっています。最近では、さらに「C（大サビと呼ばれる）」の部分が付加されることも多いです。

- **昴（1980）／谷村新司（作詞・作曲：谷村新司）**
- **真夏の果実（1990）／サザンオールスターズ（作詞・作曲：桑田佳祐）**
- **私がオバさんになっても（1992）／森高千里（作詞：森高千里／作曲：斉藤英夫）**
- **Everything（2000）／ MISIA（作詞：MISIA ／作曲：松本俊明）**
- **崖の上のポニョ（2007）／（作詞：近藤勝也／補作詞：宮崎 駿・作曲：久石 譲）※冒頭もサビあり**
- **夜に駆ける（2019）／ YOASOBI（作詞・作曲：Ayase）　…etc.**

メロディの動き

旋律（メロディ）の動かし方には次の３種類があり、それぞれを組み合わせて音楽の主役に表情付けをしていきます。

▼ 順次進行・跳躍進行・同音連打（キープ）

- 順次進行……………… 主として、ダイアトニック内の隣の音（長･短２度）に進むことを指します。
- 跳躍進行……………… ダイアトニック内の短３度以上離れた音へ進むことを指します。
- 同音連打（保留）…… タイも含めて、同じ音に留まることを指します。

メロディ作りに慣れて関係調の理解が進んできたら、ノン・ダイアトニックの音や半音装飾にも挑戦してみましょう（例：ハ長調でド→ド♯→レ etc.)。

◆ 譜例３　順次進行・跳躍進行・同音キープの例

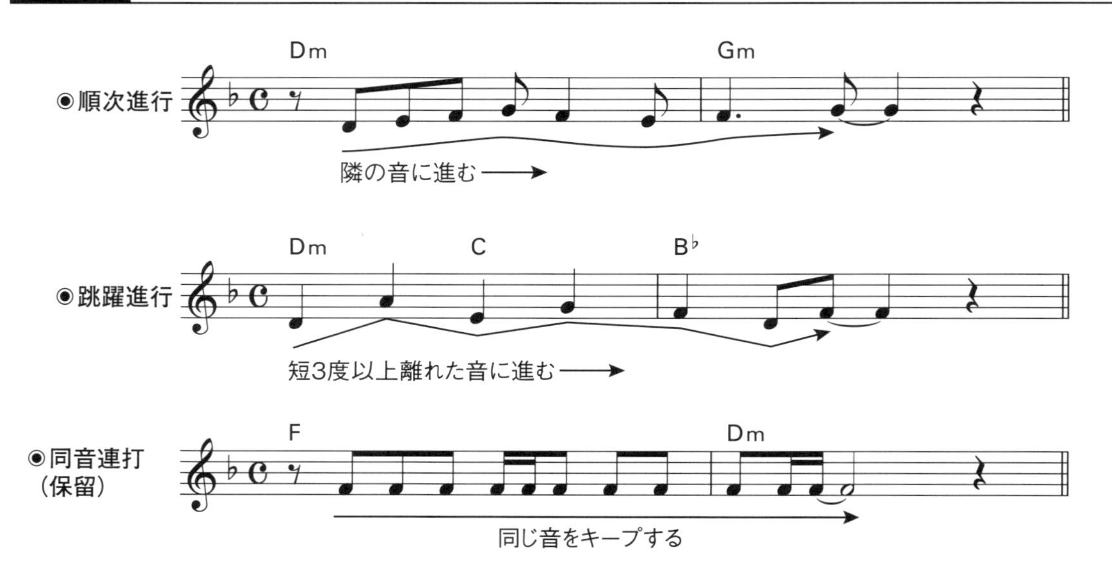

強拍と弱拍とアウフタクト

音楽のリズムを感じる基準として「**拍**」があります。そして、拍に強弱（アクセント）を付けることにより**グルーヴ**（**周期**）が生まれ、音楽に「ノる」ことができます。これは太古からあるもので、根本的にはメロディやハーモニーがなくても「音楽」を作ることは可能です。

特に、ポップスやロックにとってリズムは中核を占めるものであり、メロディ作りにも大いに関わる部分ですのでしっかりと確認しましょう。

▼ ４拍子の場合

- 強拍（Down Beat）… １拍目
- 弱拍（Up Beat）……… ２拍、４拍目
- 中強拍……………………… ３拍目

▼ ３拍子の場合

- 強拍（Down Beat）… １拍目
- 弱拍（Up Beat）……… ２拍、３拍目

◆譜例4　4拍子、3拍子の強拍と弱拍

業界の俗語としては、強拍を「**オモテ**」、弱拍を「**ウラ**」と呼ぶこともあります。また、「ダウン・ビート」、「アップ・ビート」という呼称は指揮者の「指揮棒」の動きに由来しています。

リズムやテンポにもよるのですが、一般的には強拍で始まるメロディは**力強く明快**になり、反対に弱拍で始まるものは**控えめで主張し過ぎないもの**といえます。

▼アウフタクト（Auftakt／弱起）とは？

まず、アウフタクトの例をあげますので、譜例で確認してみましょう。

◆譜例5　アウフタクトを使用した例

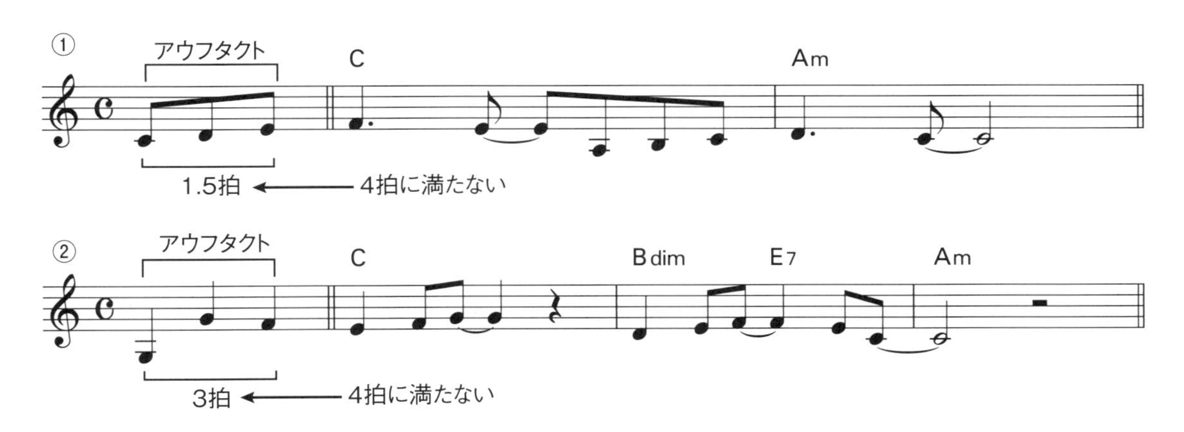

①・②の冒頭を見てみましょう。①は1.5拍、②は3拍で4拍に満たないため「不完全小節」です。この部分を「**アウフタクト**（Auftakt)」と呼びます。

Auf（ドイツ語で「上」の意味）は指揮棒（タクト）が上に振り上げられた状態を指していて、それが下に落ちたところが「1拍目」になります。このアウフタクトによって、メロディに助走が付き、聴く人に「**メロディの始まり**」から耳を傾けさせる効果が生まれます。

モチーフ（動機）の展開

モチーフとは、シンプルに言ってしまうと「**メロディを形作る最小単位**」のことです。たった一音でもメロディになりますが、これでは「拍子やリズム（拍節感）」が薄いので**二音以上**が望ましいでしょう。

次の【**譜例 6**】を見てみましょう。1小節目の「ソ・ミ【**a**】)」が最小限のモチーフで、2小節目【**b**】がその展開です。同じものの繰り返しでも構いませんが、リズムに変化を持たせることで曲を前に進める「推進力」が得られます。さらに、「ソ・ミ」というメロディに「ラ」という装飾音を付けてシンプルなメロディに変化を与えています。この2小節で、より大きなモチーフが完成しました（A)。

◆ 譜例 6　モチーフの展開

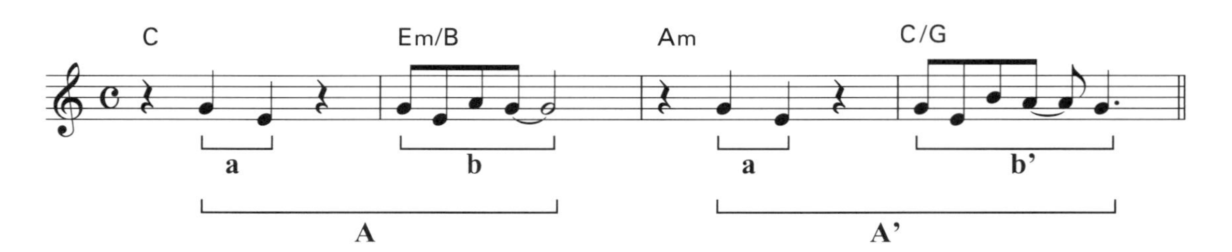

- a ……… **モチーフの最小単位**
- b ……… **a のリズム縮小と装飾（ソミラソ〜の「ラ」)**

3小節目〜4小節目は前半の「**A**」をコピーし、後半に少し変化を与えています（**A'**)。このように、一つのモチーフを発展させると「**統一感**」が生まれ、聴く人に覚えやすくする効果もあります。

歌詞や息継ぎとの関係

歌もののメロディは音域のみならず、「**歌詞**」や「**息継ぎ**」の制約を受けます。現代のボーカロイド（※）や音声編集が自由自在の環境においても、この点は無視できないと言えるでしょう。例えば、「君と歩いた街の〜」という歌詞にメロディを付けるとします。

「き・み・と・あ・る・い・た・ま・ち・の」

日本語曲の場合、原則としては一語に一音符（例外あり）を付けますから「10音」が必要です。

（※）略称→ボカロ。ヤマハが開発した音声合成技術、及びその応用製品の総称。パソコンでボーカロイドにメロディと歌詞を入力すれば、歌わせることが可能。

◆ 譜例 7　歌詞にフレーズを付けた例

①・②の譜例とも特段、音楽的におかしなメロディではないと思います。しかし、「**イントネーション（言葉の起伏）**」や「**文節（段落）**」等を考慮してみると、②はかなり不自然に感じませんか？この歌詞の中には「水戸」や「田町」等、別の意味に取られかねないワードが入っていて、メロディとコードの関係に集中してしまうと気付かないかもしれません。

もちろん、歌はアナウンサーが読む「ニュース原稿」のように全てを正しい発音やイントネーションで作らなくてもよいので、自由な表現は寧ろ歓迎されるべきですが、歌ってみて不自然なものは避けるべきです。

▼ アイドル楽曲に「細かい同音連打」が多い理由

これには明確な意図があり、一つは歌唱技術に関するものです。いわゆる「アーティスト」と異なり、アイドルは容姿、ダンス、キャラクター等、様々な要素のバランスで成り立っている為、必ずしも歌唱力のみで選出されている訳ではありません。

音程の起伏をできるだけ少なくした方が歌に要する負担が軽減されますし、ライブで踊りながら歌うことを想定した場合も、やはり難し過ぎるものは避けた方が無難だと言えます（シングル盤は編集や修正技術を駆使するので許容範囲は広いですが…）。

◆ 譜例 8　グループ・アイドル楽曲風のフレーズ例

その他には、「演出」や「歌詞制作」における制約があげられるでしょう。ボカロの影響もあるのでしょうが、同じ音を連続させると「機械的な印象」を与える反面、クールさやカッコ良さを演出できます。また、歌詞の文字数も格段に増やせる為、作詞家は多くの言葉を歌に乗せられます。言葉の細やかなニュアンスに敏感な現代において、「何となく分かるだろう」では通じなくなってきた面があるのかも知れません。

これは「作曲」の芸術性の本質からかけ離れた話にも感じますが、様々な制約を逆手に取った新しい表現が生まれてきているのも事実です。

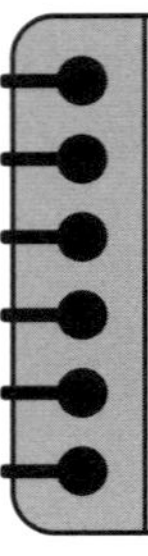

Section 1-2

簡単なメロディを作ろう

作曲というと、3～4分の曲の長さでアレンジもしっかりした完成版を思い浮かべる方も居るかもしれませんが、そんなことはありません。2小節（効果音的なものも含めて）でも人の心を動かすフレーズになる場合もありますし、子供の頃に歌った「わらべ歌」や「童謡（ぞうさん等）」は、ほとんどが8小節程度で収まっています。始めは肩の力を抜いて、簡単なフレーズを作ることから始めてみましょう。

2小節のフレーズを作ろう

フレーズを作る際のポイントとして、次の2つの基本を押さえてください。

- **歌ものはペンタトニック・スケールを使う［譜例ではCメジャー・ペンタトニック・スケール（ド・レ・ミ・ソ・ラ）］。**
- **最初は4分音符・8分音符を中心に。**

◆譜例1　コード（分散）、スケールのフレーズ　音源あり

◉コード（分散）のフレーズ

◉スケールのフレーズ

2小節から4小節に広げる

作った2小節を4小節に広げてみましょう。ここでは、「コード（分散）のフレーズ」の音符をそのまま、音階だけを変化させて続きのフレーズを作成しました。

◆ 譜例 2　コードを中心にしたフレーズを 4 小節に広げた例　音源あり

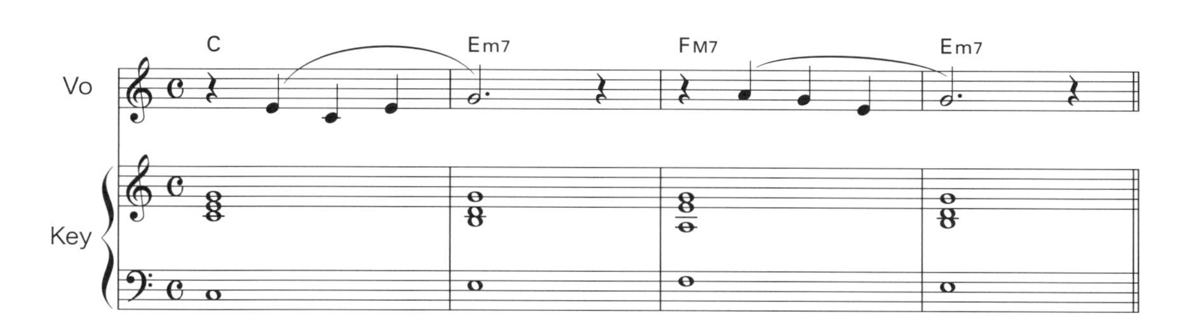

伴奏を弾くのが難しい場合は、次のようにメロディを「1 オクターブ」上げて、左手はコード（転回形も含めて）のみでも構いません。また、可能な限り「**メロディは声に出して歌う**」ようにしましょう。

◆ 譜例 3　【譜例 2】のメロディをオクターブ上げて、左手をコードのみに

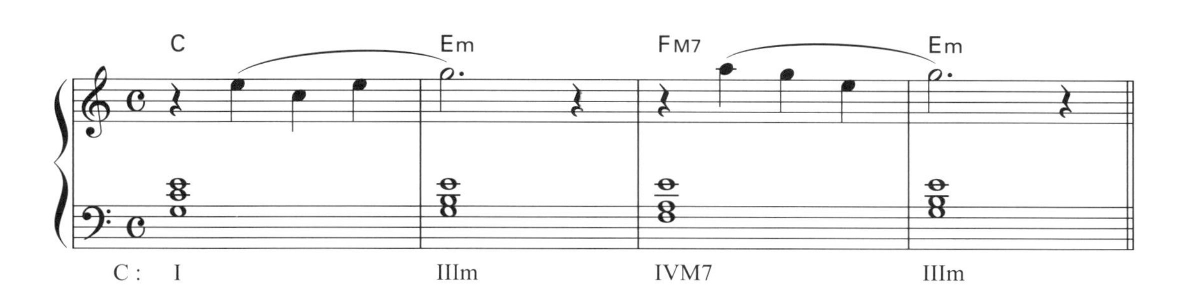

作ったフレーズの音の長さを変えてみよう

最初に作った譜例は、4 分音符と 8 分音符を中心にしたものでした。できたフレーズの音の長さに変化を与えてみましょう。

◆ 譜例 4　【譜例 1 スケールのフレーズ】の音符の長さを変更　音源あり

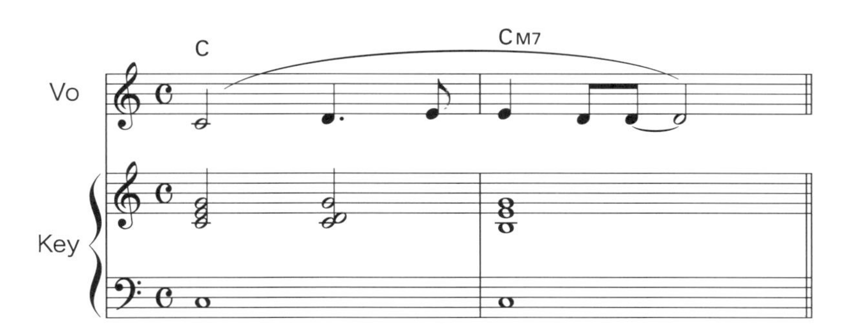

1 小節目には付点 4 分音符、2 小節目には 8 分音符の要素を追加してみました。たったこれだけの変化でもメロディに動きが出て、ポップ（聴きやすい、ノリやすい、覚えやすい…etc.）になるのを感じ取れることでしょう。

繰り返しを恐れずに使おう

同じフレーズを繰り返して使う曲は非常に多いです。次の曲は、冒頭のメロディが「**同じフレーズ**」を繰り返しています（飽くまでもほんの一部です）。参考に聴いてみてください。

- My Revolution（1986）／渡辺美里
- Diamonds（1989）／プリンセス・プリンセス
- 真夏の果実（1990）／サザンオールスターズ
- ロマンスの神様（1993）／広瀬香美
- ワダツミの木（2002）／元ちとせ
- Love so sweet（2007）／嵐
- 恋するフォーチュンクッキー（2013）／ AKB48　…etc.

また、メロディの流れは変えず、後半を少しだけ変化させたものも含めれば、本当に膨大な数のサンプルが出てくることでしょう。

- 人生いろいろ（1987）／島倉千代子
- いつまでも変わらぬ愛を（1992）／織田哲郎
- 瞳をとじて（2004）／平井 堅
- 勇者（2023）／ YOASOBI　…etc.

様々なメロディのパターン

ポップスにおいて、メロディが「**覚えやすい（キャッチー）**」ことは重要な要素です。こうすれば正解というパターンはありませんが、王道の作り方はあると言えるでしょう（楽曲全体を見渡して、次にあげるような要素が一切入っていないものは少ない）。

▼ A. 同じ型の反復（後半を少し変えても良い）

「繰り返しを恐れずに使おう」で既に触れましたが、同じメロディを反復させます。後半のメロディは少し変化させてみても良いでしょう。

◆譜例 5　同じ型の反復の例　音源あり

変化

D♭M7　Cm　B♭m　A♭

1音を除いて同じメロディ

この例では、1 小節目と 2 節目がほぼ同じメロディになっています。2 小節目の最後に一音だけ変化を持たせていますが、全く同じにしても成り立ちます。

メロディ（主人公）は同じなのに、コード進行（背景）を変化させることにより、時の移り変わりや感情の変化（恋愛におけるすれ違い）、物の見え方の違い等を暗喩している訳です。

◆譜例 6　2 小節単位で同じ型を反復した例　音源あり

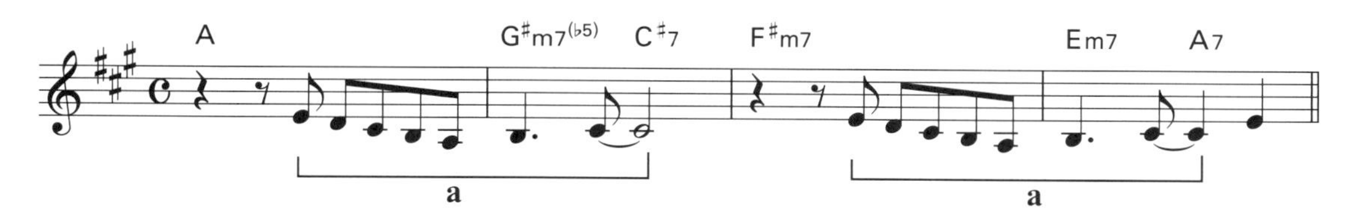

反復する長さは、必ずしも **1 小節単位である必要はありません。【譜例 6】**のように 2 小節を「ひとかたまり」として、繰り返すというケースも非常に多く見受けられます。

▼ B. 上り下り（下り上り）

次の**【譜例 7】**は C メジャー・ペンタトニックによるシンプルな「**上り下り**」のフレーズですが、力強さや訴求力があり、コード付けによる変化も付けやすいと言えます。

◆譜例 7　上り下りのフレーズ例　音源あり

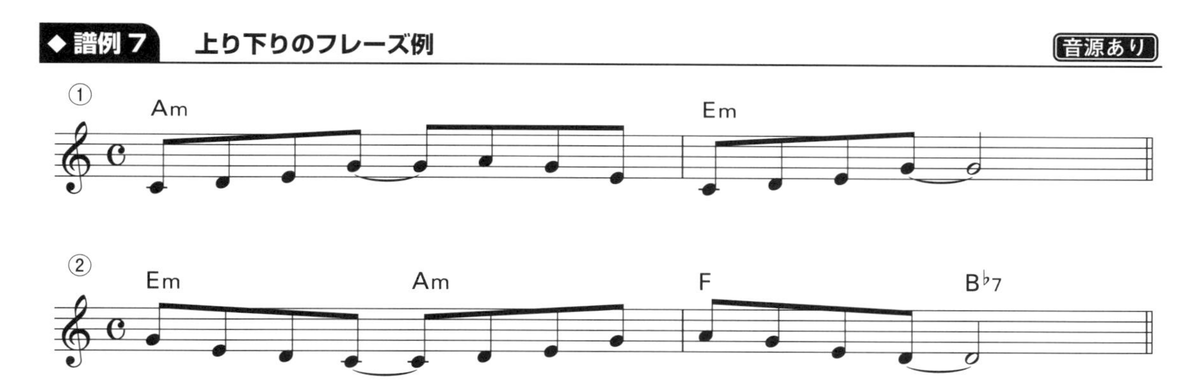

※②の最後のコードB♭7は、E7の裏コードと解釈できます（次に来るコードによって解釈は変わる）。

- ①　**上り　→　下り　→　上り**
- ②　**下り　→　上り　→　下り**

ポップスにおいては複雑なフレーズよりも、まずはこのような「**分かりやすいフレーズ**」を目指して作ることがとても大切です。

▼ C. 同じ型を移高する（音型は同じで高さを変える）

フレーズの「型」を保ったまま、高さを変えることを「**移高**」と呼びます。この技法もジャンルを問わずよく活用されます。次の**【譜例 8】**の①〜③は、①を元にした移高の例です。

◆ 譜例 8　**①〜③のフレーズを移高した例**　音源あり

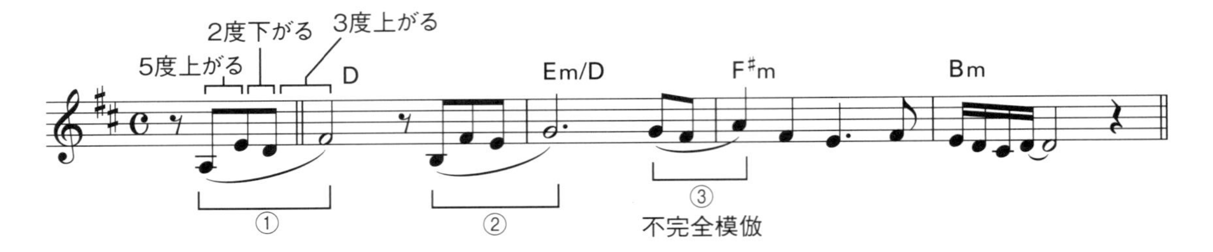

詳細に分析してみると、ダイアトニック内で「**5 度上がる→ 2 度下がる→ 3 度上がる**」というパターンを繰り返しているのが分かると思います。

3 回目（③）はコードとの兼ね合いやマンネリを避ける為、**1 番目の音**（あるとすればド♯）は省略しています。**マンネリと統一感は紙一重**のところもあり、あくまでも「歌ってみてどうか？」という観点を持つようにしましょう。

▼ D. 拡大・縮小

拡大・縮小とは、あるフレーズを思い付いたら、そのまま音価（音の長さ）を引き伸ばしたり縮めたりする手法です。

◆ 譜例 9　**拡大と縮小の例**　音源あり

①拡大

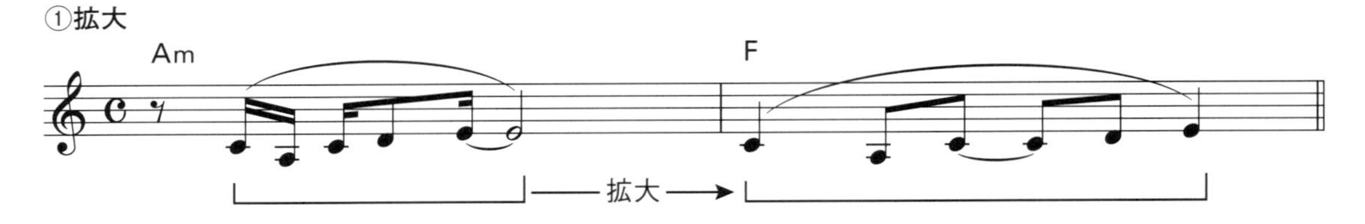

1 小節目での細かな「ド･ラ･ド･レ･ミ」が、2 小節目で大きなフレーズに変形されています。最初に言った言葉を丁寧に言い直すような効果を持っています。

②縮小

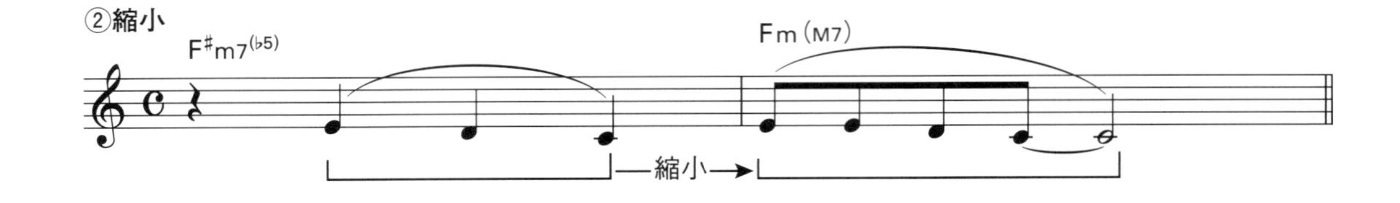

1 小節目の 4 分音符での「ミ･レ･ド」が、2 小節目では 8 分音符で「畳み込む」ことにより、メロディが引き締まる印象があります。

リズム（譜割り）とシンコペーション（移勢）

楽曲のジャンル（ロック・テクノ・ポップス・R&B・ソウル・歌謡曲）によって、伴奏（オケ）のリズムも変わりますが、それ以前に「**メロディ（旋律）自体が持つリズム**」がとても重要です。

「16 分音符の細かい譜割りばかりのハードロック」や、「4 分音符だけの R&B」等は作りづらいものです。「歌謡曲なのにシンコペーションばかり」等も歌いにくい為、恐らく敬遠されるでしょう。作曲というとコード進行やリズム・パターンに注意がいきがちですが、「**メロディのリズム（譜割り）**」にも注意を払うようにしましょう。

次の【**譜例 10**】は、メロディの音程は保ったままリズムを変化させた例です。

◆譜例 10　**同じメロディ構成音でリズムが違う例**

① 8 分音符主体のストレートなリズムで、ロックや歌謡曲に向いています（テンポにもよる）。

②様々なリズムが適度に混ざり合っているのと、シンコペーション（次の拍の先取り）による躍動感でポップスやアニソン、アイドル曲等に向いています。また、スローテンポにすれば、ソウルミュージック風にもなるでしょう。16 分音符が入ると、結構印象が変わりますね。

▼「跳ねる」とは？（スウィング・フィール）

西洋古典音楽では、一般的に 1 拍を 2 分割・4 分割等、「**二等分**」することを基礎としますが、それを三分割し「2：1」の割合で感じ取ることを「**跳ねる（ハネる）**」、または「**シャッフル**」と言います。

「Do − Da（ドゥーダ）」という擬音で表せるリズムで、「付点 8 分音符と 16 分音符」の組み合わせより相対的に短く、リズムが前のめりにならないように弾くのがポイントです。「東京音頭」のリズムに近いですが、厳密には 1 拍目の伸ばし方に違いがあるため、これを「シャッフル」とは呼びません。

◆図 1　**音価とシャッフル**

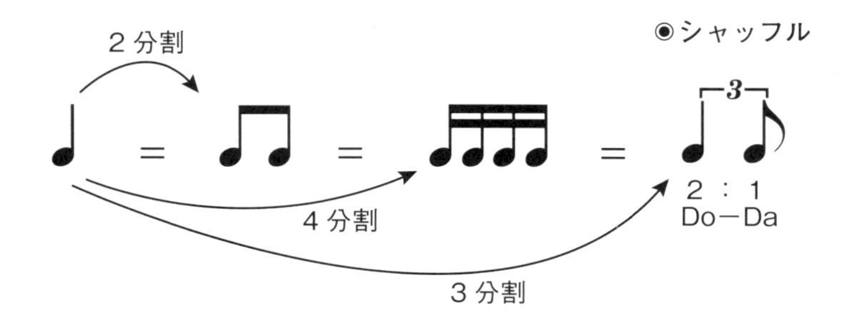

シャッフルには 16 ビートのものもあり、16 分音符の部分のみが「ハネる」状態になります。

8 ビートシャッフルよりも細やかで粘っこい表現は、ファンクや R&B 等、黒人（ブラックコンテンポラリー・ソウルミュージック）のリズムが源流にあります。

◆ 譜例 11　16 ビートシャッフルの例　音源あり

※ 16 分音符と付点 32 分音符という表記が煩わしい場合は、「16 ビートシャッフル」や「16 ビートスィング」と書きます。

楽曲例としては、次のようなものがあげられます。

- **チェリー／スピッツ**
- **ドライフラワー／優里**
- **歩いて帰ろう／斉藤和義**
- **アイラブユー／ back number**
- **RUN ／ B'z　…etc.**

▼ 型や形式の重要性について

クラシックに限らず、ポップスにおいても一定の「**型**」や「**形式**」があります。「音楽は芸術であり自由であるべきだ」というのは全くその通りですが、それだけでは個人や限られた少人数のサークルにしか通用しないでしょう。

より多くの人々に伝えたり、商業音楽として流通させるには、「**一定の型に嵌める**」必要性が出て来るのです。例えば、趣味の「お菓子作り」で考えてみましょう。

いくら大手企業やお店のものより美味しく作る技術があったとしても、それを手作りの包装紙で包んでスーパーやコンビニに並べようと思っても難しいのです。仮に並んだとしても、お客さん側はそれを買うのにとても勇気がいることでしょう。

これは音楽でも同じであり、歌謡曲でも CM でも求められる時間数、使われる楽器（サウンド）等、「**定番**」が存在します。

学び始めは「型」や「形式」が少し不自由に感じるかもしれませんが、これらは歴史と関係しているのです。先人達が長年培ってきたものを前向きに活かしつつ、「**フォーマットの上で新たな表現や自分なりの音楽**」を追求していくことがとても大切です。

Section 1-3

スケール（音階）を使おう

メジャー・スケールとメジャー・ペンタトニック

メジャー・スケール（長音階）は、クラシック音楽（主にドイツ・オーストリア古典派）の様式や価値観がベースにあります。そして、このメジャー・スケールから第４音と第７音（トライトーン）を省いたスケールがメジャー・ペンタトニック・スケールです。

◆譜例１　Cメジャー・スケールとCメジャー・ペンタトニック・スケール

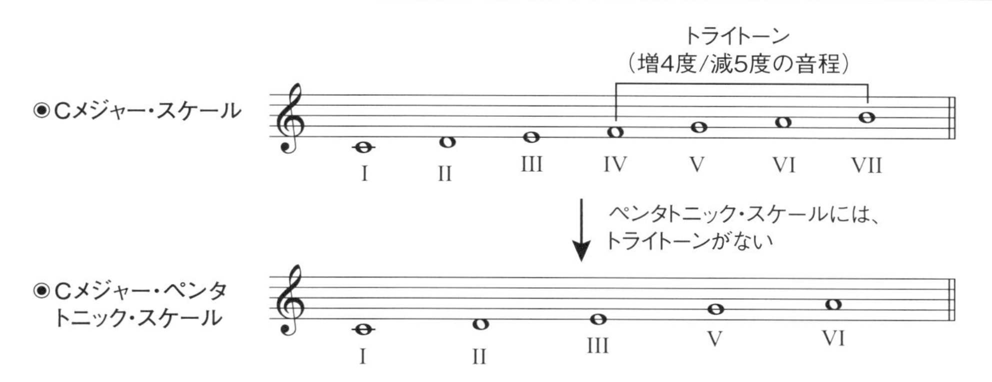

トライトーン（不安定な響き）を排除したメジャー・ペンタトニックは常に安定した響きを得られますが、トライトーンを含むメジャー・スケールは、安定→不安定を一つのスケールで表現できます。

◆図１　五度圏でのCメジャー・スケール

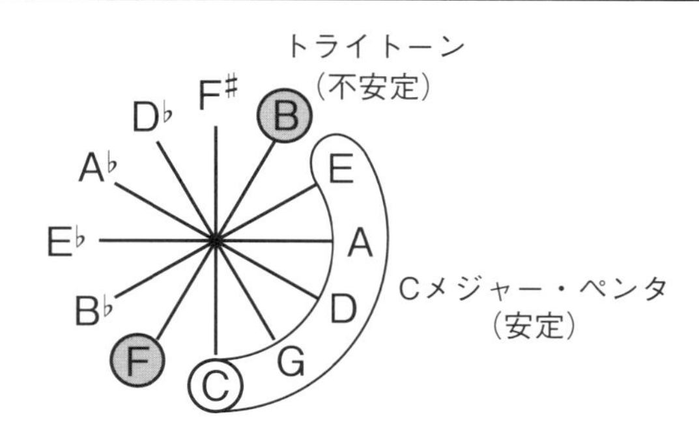

※五度圏では、対角線上の音がトライトーンになっています。

実際にフレーズを作る際は、「**安定**」を見せた後に「**不安定**」な方向に進め、再度「**安定**」させる意識を持って練習してみると良いでしょう。

ペンタトニック　→　トライトーン　→　ペンタトニック

メロディの場合はコード進行と異なり、「横軸」の時間経過の中で「トニック」を感じさせる動きをしなければならない為、論理的に考えると結構大変です。普段は感覚的に作ることが多いと思いますが、上手くいかない場合は書いたメロディを冷静に見返す必要があるかもしれません。

◆譜例2　フレーズの安定と不安定を意識してみよう

安定　………　Cメジャーペンタ(ド・レ・ミ・ソ・ラ)
不安定　……　トライトーン(シ・ファ)

①メロディの中で「安定と不安定」をバランスよく取り入れた例

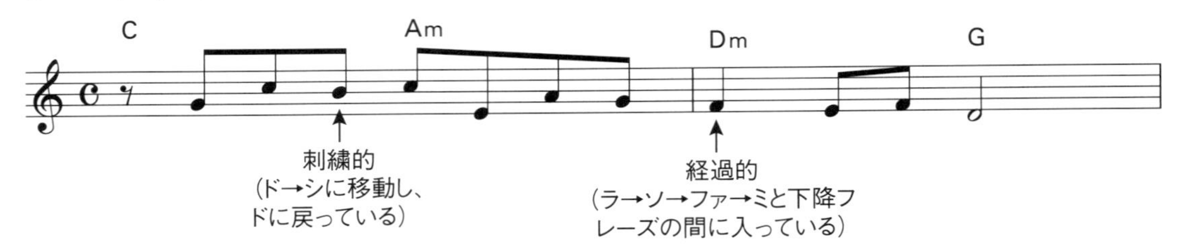

②「不安定」なトライトーンの方が勝ってしまっている例

旋律を追求した作曲家としてはJ.S.バッハが筆頭にあげられますが、「コード」にもしっかり配慮しながら作っていました。彼の作品は、ポップスに応用できる部分がたくさんあります。

マイナー・スケールとマイナー・ペンタトニック

マイナー・キーの場合は、「VIm（C メジャーの場合は Am）」が中心になるようにメロディを組み立てていきます。但し、西洋古典音楽の場合はあくまで「A メジャー」を土台に考えるので、導音（第 VII 音、I への音程が半音）を人為的に作り出します。

このように、第♭VII 音が半音上がったものを「**ハーモニックマイナー・スケール**（和声的短音階）」と呼びます。

◆ 譜例 3 様々なマイナー・スケール

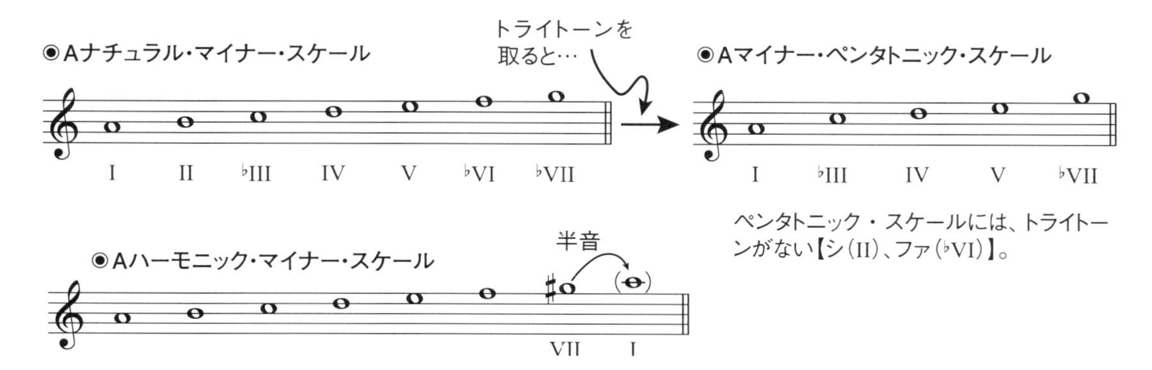

導音に関しては、旋律が上行する際は ♯ に、下行する際は ♮（ナチュラル）にする「**メロディックマイナー・スケール**（**旋律的短音階**）」が存在しますが、これは絶対的な規則ではありません。作りたい楽曲のニュアンスに応じて、柔軟に変化させるのが現実的といえるでしょう。

◆ 譜例 4 マイナー・スケールでの安定と不安定

①Amのコードが外枠としてあるような前半と、不安定な後半の対比が明瞭

②不安定が支配しているような例（コードの助けが無ければ調性がハッキリしない）

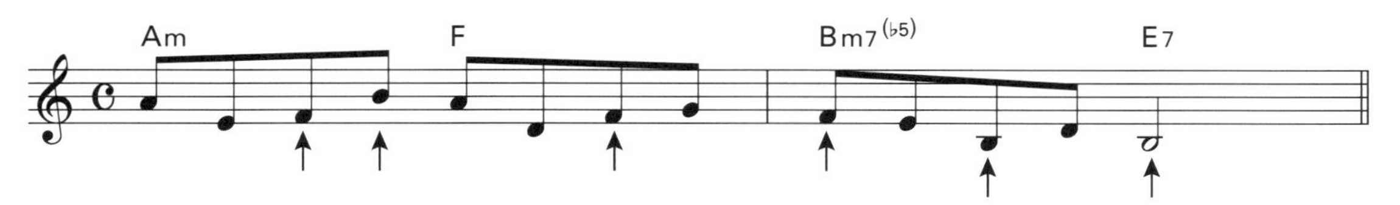

③第♭VII音を導音化（VII）して、終止感を強くした例

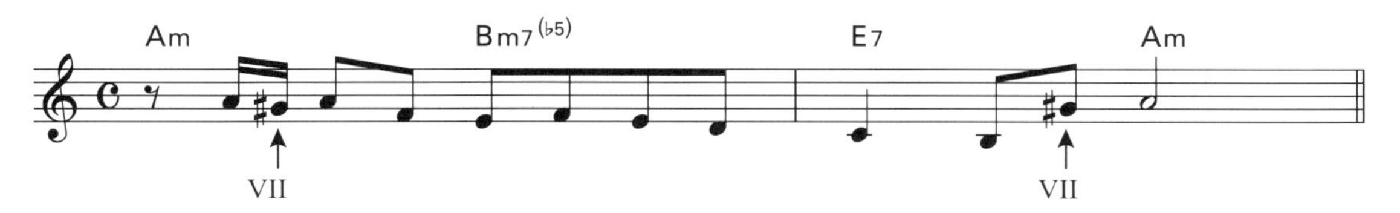

個性的なモード

ポップスや劇伴（映画・ドラマ・テレビ・ゲーム音楽 etc.）においては、クラシック音楽（古典派）の理論には無い「**旋法的（モーダル）な響き**」を活かせる場面があります。

さすがに 1 曲が丸々モーダルで書かれている例は殆どありませんが、部分的に使われているものはたくさんあります。

メジャー、マイナーとの色彩の違いを是非、感じ取ってください。

▼ リディアン

「ファの旋法」と呼ばれることもありますが、メジャー・スケールの「**第 IV 音が半音上がった音階**」ともいえます【**譜例 5**】。

ドミナントの象徴としての「ファ・シ（トライトーン）」が消失した為、終止の型も「C − D − C」等の平行進行（※）を使うことが可能になります。

※同じコードタイプでコードが進行すること。C − D − C は、メジャーのトライアドで進行している。

◆ 譜例 5　リディアン

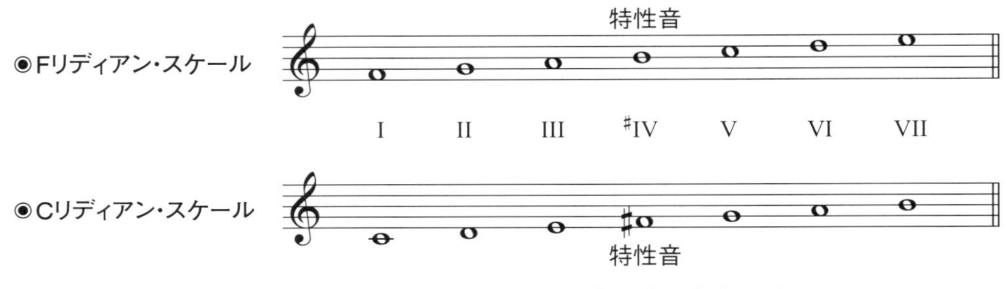

F からのみではなく、12 のキー全てで分かるように音の「**関係性や特徴**」を覚えましょう。

◆ 譜例 6　C リディアンを使ったフレーズ例

メジャー・スケールと異なり、「**ドミナント（トライトーン）→トニック**」という流れを作れない為、浮遊感が漂いますが、そこがリディアの個性とも言えます。ポップスの場合は、飽くまでもスパイスとして楽曲の一部に使用されることが多いようです（例えば間奏等）。

▼ ミクソリディアン

こちらは「ソの旋法」と呼ばれ、メジャー・スケールの「**第 VII 音が半音下がった音階**」です。導音（VII）も消失し「♭VII 音」が現れているので、とても柔らかい響きが印象的です。分かりやすい進行例としては「C － B♭ － C」があり、これもやはり平行進行になっています。

◆ 譜例 7　ミクソリディアン

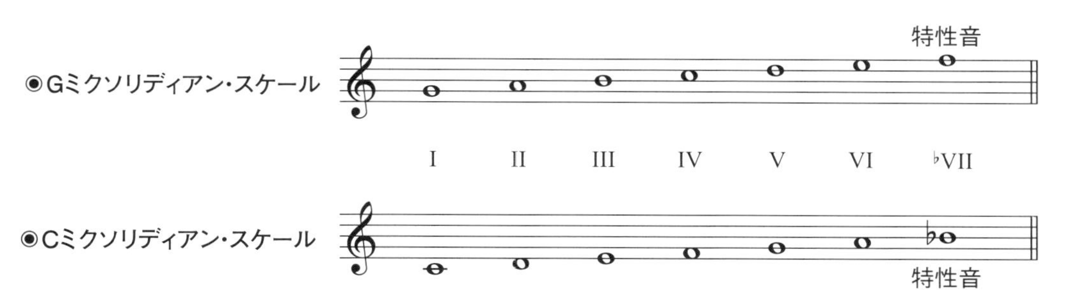

コードに直すと「● 7」が生まれ、7th が付加されたような形になります。

◆ 譜例 8　G ミクソリディアンを使ったフレーズ例

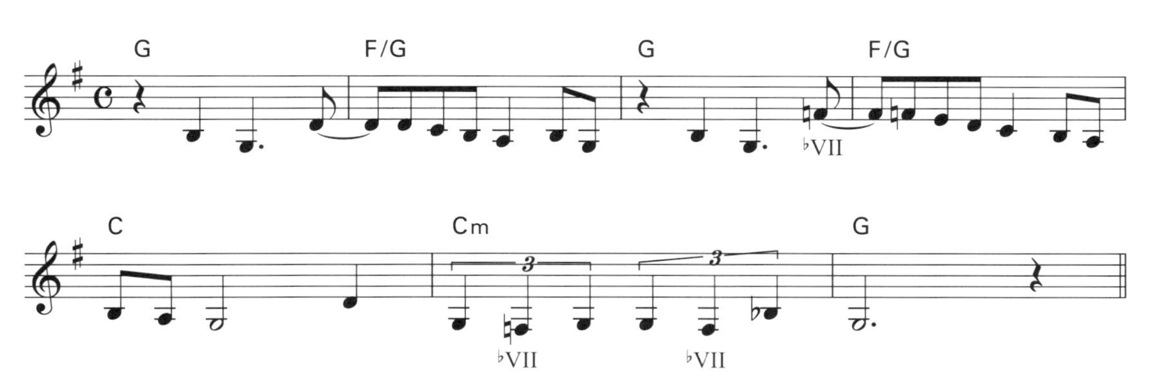

※ピアノで演奏する場合は、1 オクターブ上げてください。

「G － F － G」とコード付けをしても同様の効果が得られますが、よりモーダルな響きを求める場合はルートを固定して「F/G」のようにオン・コードにすると良いでしょう。

6 小節目はサブドミナント・マイナーである IVm（Cm）を付けて、特性音である「♭VII（ファ）」を活かしたメロディになっています。

▼ ドリアン

「レの旋法」と呼ばれ、ナチュラル·マイナー（自然短音階）の「**第VI音が半音上がった**」スケールです。ここまでに紹介したモードはメジャー・スケールの第○音を上げ下げしたものですが、ドリアンはナチュラル・マイナーが基準なので、注意してください。

アニメソング（特に異世界もの）やゲーム音楽においては多用されるモードであり、現世・現代とかけ離れた雰囲気を作り出すのに適しています。歌ものでも応用が利くので、是非、挑戦してみてください。

◆譜例 9　ドリアン

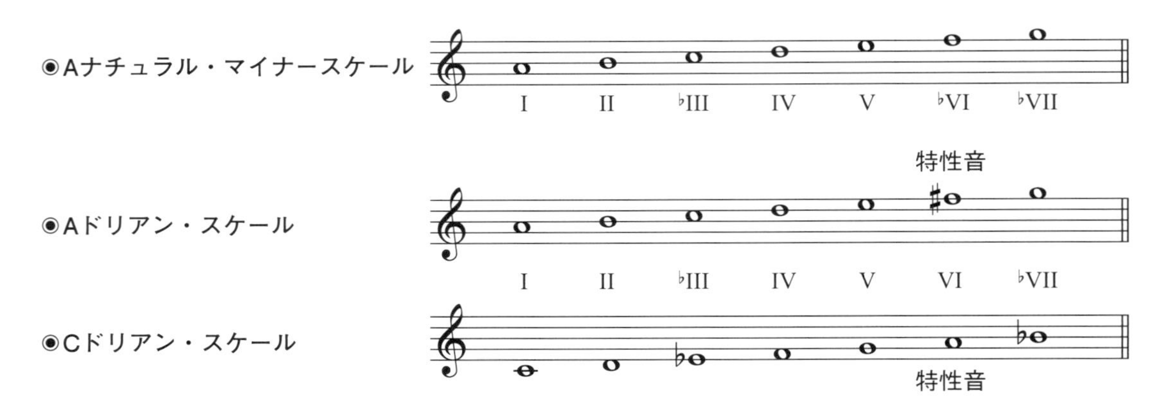

ナチュラル・マイナー・スケールの第VI音が半音上がっている。

ナチュラル·マイナー·スケールをベースにしていますが、コード進行的には「Am － D（Key=Am）」や「Cm － F（Key=Cm）」と、「**サブドミナント（IV）がメジャー化**」します。この特徴を活かしたメロディ·ラインを考えてみましょう。

◆譜例 10　C ドリアンを使ったフレーズ例

音階の **♭VII 音から特性音 VI 音にメロディを絡めていく**ような手法がよく使われます。

◆譜例 11　G ドリアンを使ったフレーズ例

Gドリアン＝ソ・ラ・シ♭・ド・レ・ミ・ファ

因みに、背景に使うコードはドリアン・モードに縛られる必要はありません。

▼ フリジアン

「ミの旋法」と呼ばれ、ナチュラル・マイナーの「**第 II 音が半音下がった**」スケールです。他のモードより使用例は少なくなりますが、楽曲の一部分や終止に使われるケースはあり、やはり異世界感や異国情緒（スペイン風）を表すのに適しています。

◆ 譜例 12　フリジアンを使ったフレーズ例

ナチュラル・マイナー・スケールの第II音が半音下がっている。

クラシックでは、ナポリの和音と呼ばれる「♭II」の音をメロディに絡めていくことで独特の風味を醸し出します。

◆ 譜例 13　C フリジアンを使ったフレーズ例

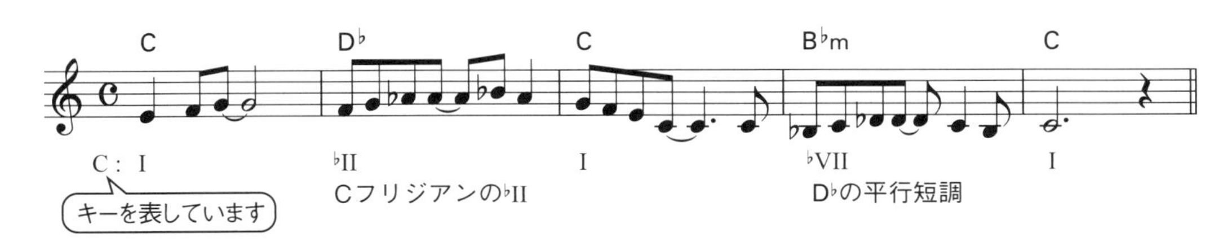

フリジアンはマイナー系のモードですが、楽曲自体を「マイナー・キー」にする必要はありません。このように調性を揺らすかのように行ったり来たりする使い方はよく見受けられます。

【譜例 13】のキーは C なので、♭II である D♭ の音の他に、その平行短調である B♭m のコードやスケールを挿入することもできます。

スケールから外れた音を使う

メロディを作っていくうちに、段々とダイアトニック・コードやスケールのみでは物足りなくなることがあります。 童謡を作る場合はシンプルに一つの調性で書き切るのが普通ですが、ポップスやアニメソングは「飽きさせない」為の仕掛けや展開が必要になります。「**メロディの流れに応じてコードも変わる**」また、反対に「**コード進行に応じてメロディも変わる**」ことを常に念頭におくと良いでしょう。

▼ 使われるコード（サブドミナント・マイナー等）による変化

実際にメロディがコード進行によって変わる例を見てみましょう。次の譜例は、ノンダイアトニック・コードのサブドミナント・マイナー（IVm）を含んだコード進行です。

◆ 譜例 14　IVm によるメロディの変化　音源あり

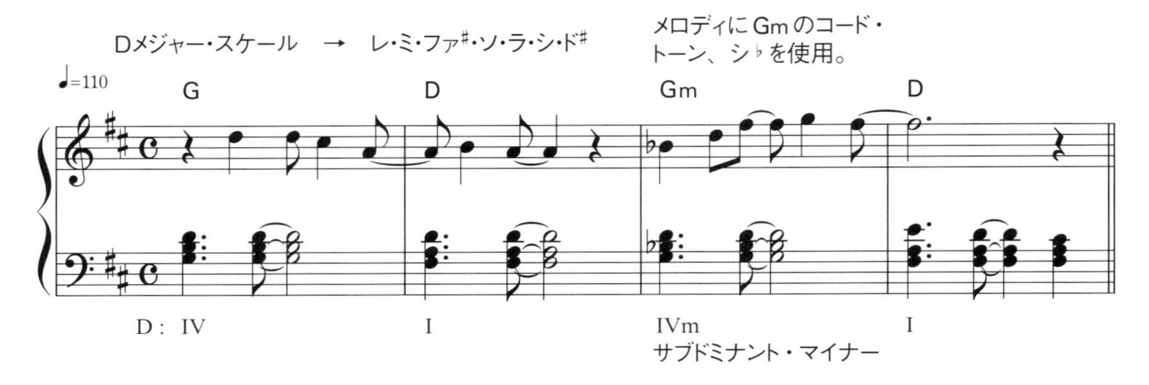

３小節目にある IVm のコードの影響を受けてメロディも変化しています。作り慣れてくると、次に来るコードを想定したメロディ作りもできるようになるはずです。

◆ 譜例 15　♭VI によるメロディの変化　音源あり

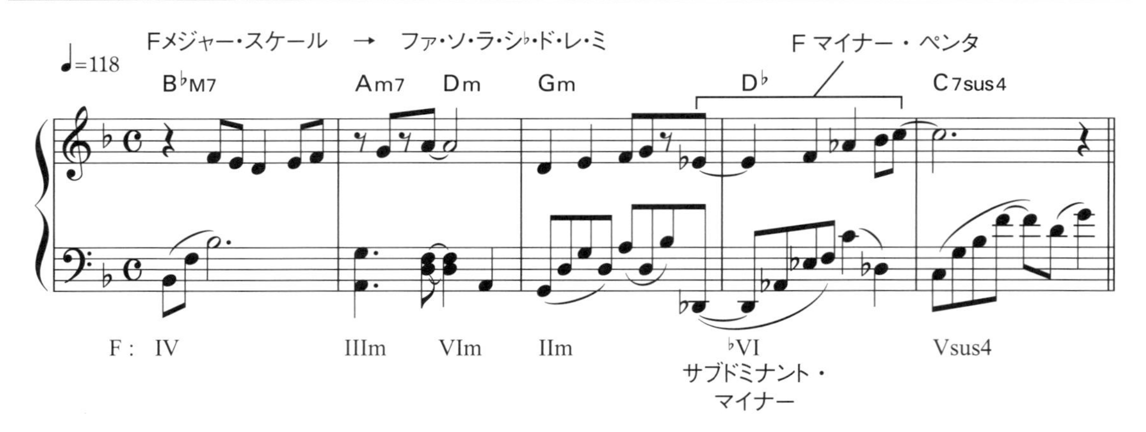

F メジャー・キーの「IV 度」から始まるサビ前の展開を想定した譜例です。

フック（聴き手を引きつける取っ掛かり）として、４小節目に同主短調である F マイナー・キーの♭VI 度（D♭）が挿入されており、メロディがコードにあわせて「F マイナー・ペンタトニック」になっている点に注目してみてください。何かが始まる高揚感（ワクワクした感じ）が伝わると思います。

▼ クロマチック（半音階）なアプローチ

装飾的な半音階（Chromatic）は、コードに左右されずに使用できます。通常はコードの機能への影響が少ない「**半音下**」の音が対象となります。

◆ 譜例 16 ノン・ダイアトニックな半音階を使用した例

インスト（器楽曲）でもない限り多用は避けた方が無難ですが、音楽に細やかな色どりを与えることができるので、是非、活用してみてください。

メロディでムード（雰囲気）を演出するには？

「歌もの」において、季節や感情の移ろい、情景や雰囲気の変化を表すのは「歌詞（詩）」の役目です。昭和期の歌謡曲・演歌は「偉い作詞家の先生」が書いたものに、作曲家が後から曲を付けるのが常識でした。これを俗に「**詞先**（しせん／詞が先にできる）」と呼んだりもします。

それに対して「曲（主にメロディ）」は付随的に扱われて来た側面がありますが、本来はメロディの役割は相当に大きなものです。例えば、切なく悲しげな歌詞に、元気一杯のメロディを付ければ雰囲気を損なうでしょう。コード付けによって多少の調節は可能ですが、「メロディで人の心を動かすにはどうすれば良いか？」はとても重要な課題です。皆さんも一緒に考えていきましょう。

ここでは歌詞の背景や前後の文脈、そしてコード付けは一旦脇に置いて、メロディのみに注目してみます。次の譜例を見てください。

◆ 譜例 17 同じ歌詞「二度と会えない」に異なるメロディを付けた例

①Cメジャーのコードを骨格に持った「明るく元気な雰囲気」を感じるフレーズ

②半音階や順次進行が多く、センチメンタル（叙情的）な雰囲気

「二度と会えない」という歌詞が持つ「切なさ・悲しさ・絶望感」に相応しいのは、一般的に②だと思います。

メロディのみでどうやったらムード（雰囲気）を演出できるか？ 歌ものはメロディ／ハーモニー／リズム／テンポ／歌詞／アーティスト性等、様々な要素で構成されるので、全てを分析しようとすると膨大な研究が必要になります。その中で、特に作り手が一番重視すべきなのはリスナー（聴き手）に記憶しやすい特徴を提示することでしょう。「**また聴きたい**」と思わせるには、覚えてもらうことが先決です。

その中で大きな要因となるのは、主役であるメロディの動きです。

- **上昇（上行）するか？　下降（下行）するか？**
- **跳躍進行か？　順次進行か？**

「**この掛け算によってメロディができている**」というイメージを持つと良いでしょう。

①上昇（上行）フレーズ	×	跳躍進行 順次進行
②下降（下行）フレーズ	×	跳躍進行 順次進行

▼ 上昇フレーズ（気分の高揚）

例：春・夏・晴れ・情熱的・階段を登る（成長していく）

上昇のパワーが「マイナス（負の）方向」に作用すれば「絶望の叫び」にもなります（叙事的なもの）。

①跳躍進行

♪参考曲：元気（明るい・勇敢・ヒーロー）

- スーパーマンのテーマ、スター・ウォーズ メインタイトル／ J. ウィリアムス
- ドラゴンクエスト・マーチ／すぎやまこういち
- 勇者／ YOASOBI
- バンザイ～好きでよかった～／ウルフルズ
- Forever Love ／ X Japan
- Love so sweet ／嵐
- うっせぇわ／ Ado

…etc.

♪参考曲：悲しい（情熱的・絶望）

- ピアノ・ソナタ第 1 番／ L.V. ベートーヴェン
- TSUNAMI、いとしのエリー／サザンオールスターズ
- Everything ／ MISIA
- 春一番／キャンディーズ
- LA・LA・LA LOVE SONG ／久保田利伸 with ナオミ・キャンベル
- 揺れる想い／ ZARD
- 二人でお酒を／梓みちよ（歌謡曲）
- 怪物／ YOASOBI
- 忘れない日々／ MISIA
- いい日旅立ち／山口百恵
- 残酷な天使のテーゼ／高橋洋子

…etc.

◆ 譜例 18　上昇フレーズ×跳躍進行の例

コードの分散をダイナミックに打ち出している点に注目してください。注意して頂きたいのは、メロディの極端な動きはエネルギーを増幅させたり減衰させる力があるだけで、「どんな性格を持たせるか？」はコード進行や歌詞、展開やアレンジに左右されるところが大きいという点です。

ただ、叙情的（感情）というよりは叙事的（できごと）な雰囲気を持たせやすいと思います。

②順次進行

♪参考曲：明るい

- さくら／森山直太朗
- 真夏の果実／サザンオールスターズ（※歌詞は切ない）
- イエスタデイ／ Official 髭男 dism
- CROSS ROAD ／ Mr.Children
- GIFT ／ Mr.Children　（※出だし）
- 青と夏／ Mrs. GREEN APPLE

…etc.

♪参考曲：悲しい

- Runner ／爆風スランプ(BAKUFU-SLUMP)
- ラブ・ストーリーは突然に／小田和正
- 真夏の夜の夢／松任谷由実（※出だし）
- 希望の轍／サザンオールスターズ（※サビ）
- LOVE PHANTOM ／ B'z

…etc.

◆ 譜例 19　上昇フレーズ×順次進行の例

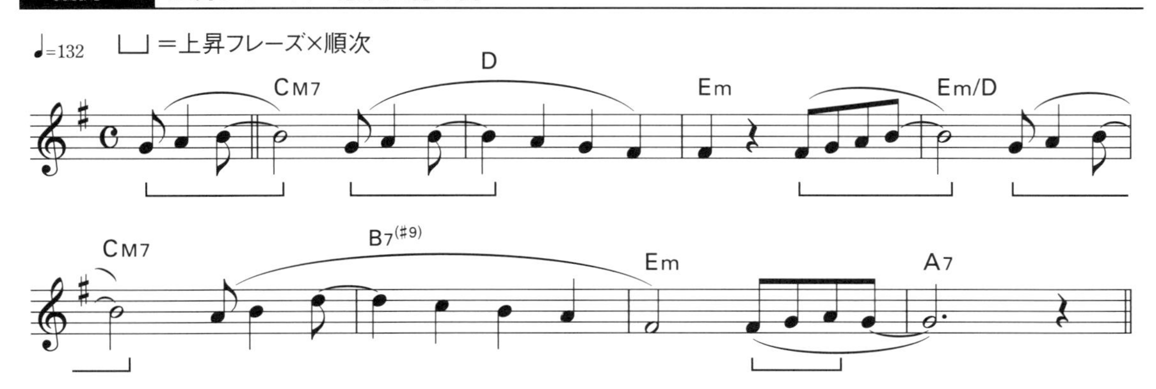

「上昇フレーズと順次進行」の併せ技が繰り返されることで、どこか悲壮感が漂う作例になっています。また、順次進行でのメロディの上昇は「スケール的」とも言えます。少し文学的な表現をすると、「避けられない運命（音階の行き先が決まっている）」を表しているかのようです。

▼ 下降フレーズ（気分の落ち込み・沈静化）

例：秋・冬・雨・海・失恋・別れ（叙情的なもの）

①跳躍進行

♪参考曲：明るい

- Magic ／ Mrs. GREEN APPLE（※サビ）
- おどるポンポコリン／ B.B. クイーンズ（※サビ）
- 崖の上のポニョ／藤岡藤巻と大橋のぞみ
- となりのトトロ／井上あずみ
- All of me ／ジャズ・スタンダード（分散和音の典型例）
- アイデア／星野源
- ミスター／ YOASOBI

…etc.

♪参考曲：悲しい

- Lemon ／米津玄師
- 捨てられて／長山洋子（演歌）
- 本能／椎名林檎
- 怪物／ YOASOBI
- だってめぐり逢えたんだ／純烈

…etc.

◆ 譜例 20　下降フレーズ×跳躍進行の例

音源あり

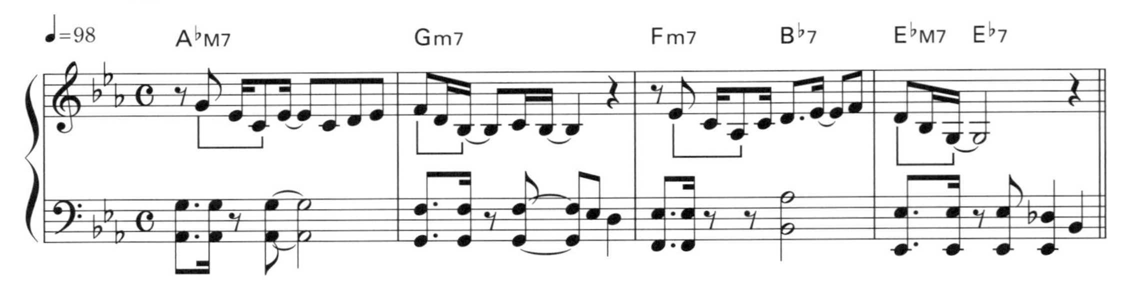

上昇と比べると跳躍した下降フレーズは、少しオールディーズ（懐かしい）な印象を与えるのか、思ったより例が少ないです。しかし、ハーモニーやリズム次第ではまだまだ名曲を生み出せる可能性を秘めているので、皆さんも是非挑戦してみてください。

②順次進行

♪参考曲：明るい

- 愛は勝つ／ KAN
- My Revolution ／渡辺美里
- たとえどんなに…／西野カナ
- 希望の轍／サザンオールスターズ（※出だし、後半は上昇フレーズの連続）
- 丸の内サディスティック／椎名林檎

…etc.

♪参考曲：悲しい

- ロマンスの神様／広瀬香美（A メロ）
- Everything ／嵐（※サビ）
- 炎／ Lisa（※出だし）
- 永遠／ Mr.Children
- 千の風になって／秋川雅史
- バードランドの子守唄／ジャズ・スタンダード
- ブルー・イン・グリーン／ジャズ・スタンダード
- フライ・ミー・トゥ・ザ・ムーン／ジャズ・スタンダード（アニメ「新世紀エヴァンゲリオン」ED）

…etc.

◆譜例21　下降フレーズ×順次進行の例

音源あり

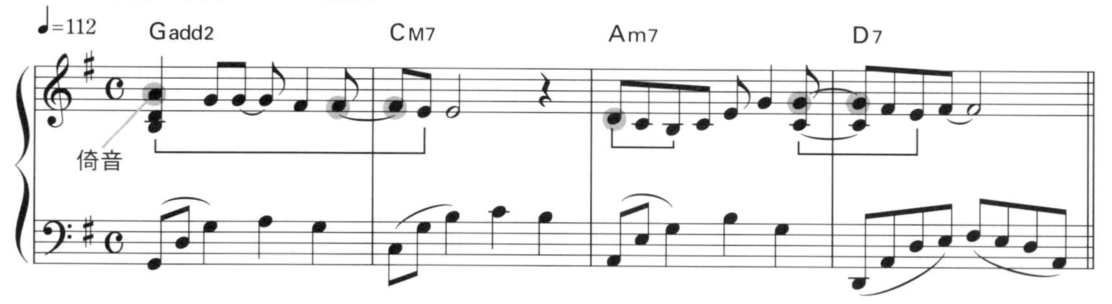

音楽理論的にいうと「倚音」という技法で、主にノン·コード·トーンから下行して解決する動きになっています（Gであればラ→ソ等）。不協和な状態から、協和な状態に落ち着くため「沈静化」という心の動きともリンクするのでしょう。

旋律線の「上り下り」がバランス良く配合された曲を作れるように、できるだけ多くの楽曲を研究してみてください。

▼ 同音連打フレーズ（無表情、無機質、クールな印象）

最後に、同じ音が連続する同音連打を紹介します。

♪参考曲：細かいフレーズ

例：ロック・ダンス・ラップ・会話的

- マリーゴールド／あいみょん（カノン進行の参考にも◎）
- 花火／aiko
- 会いたい／沢田知可子
- 部屋とＹシャツと私／平松愛理
- 津軽海峡・冬景色／石川さゆり（演歌）
- おどるポンポコリン／B.B.クイーンズ（※出だし）
- リフレインが叫んでる／松任谷由実
- SAY YES ／ CHAGE and ASKA
- Pretender ／ Official 髭男 dism（※出だし）
- 元気を出して／竹内まりや
- Forever Friends ／竹内まりや
- なんてったってアイドル／小泉今日子
- 初恋／村下孝蔵
- HANABI ／ Mr.Children
- 飾りじゃないのよ涙は／中森明菜

…etc.

♪参考曲：おおらかなフレーズ

例：山や海・時代の流れ・人生

- Memory（メモリー）／ミュージカル「キャッツ」より
- ひとり／中島みゆき
- 見上げてごらん夜の星を／坂本九
- I'm Proud ／華原朋美
- 白い恋人たち／作曲：F・レイ
- 男と女／作曲：F・レイ

…etc.

◆譜例 22 同音連打フレーズの例

近年の歌詞は 1990 年代に比べて明らかに文字数が増えており、同音連打のメロディは量産されています。

特に大手アイドル・グループの楽曲は作詞家のメッセージ性が強かったり、ダンスの中で複雑なフレーズをこなすのが難しいこともあり、それに適応する形で進化してきたとも言えます。また、ボーカロイドの無機質な感覚も現代の感性にマッチしているため、ポップス（生歌による）に逆輸入される形で取り込まれたとも考えられます。

Section 1-4

コード（進行）を意識したメロディ作り

作曲はメロディや歌詞を先に思い浮かべて、後からコードや伴奏を考えるものと思われがちですが、実際は「印象やイメージ（想像）」から音楽の全体像（サウンドやオーケストレーションも含めて）を浮かべたり、風景からメロディを思い付く、またはコードやコード進行の響き、雰囲気からメロディを紡ぎ出すこともあります。

人それぞれにやり方があると思いますが、その中でも比較的やりやすい「コード進行に対してメロディをどう乗せていくか」について考えていきましょう。

コード・トーンから始まるメロディ

コード・トーンから始まるメロディは**4種類**あります。それぞれに特徴がありますので、実際に楽器や音楽ソフト（PC）で音を出したり、歌ったりしながら確認をしてみましょう。

◆譜例1　4種類のコード・トーンから始まるメロディ

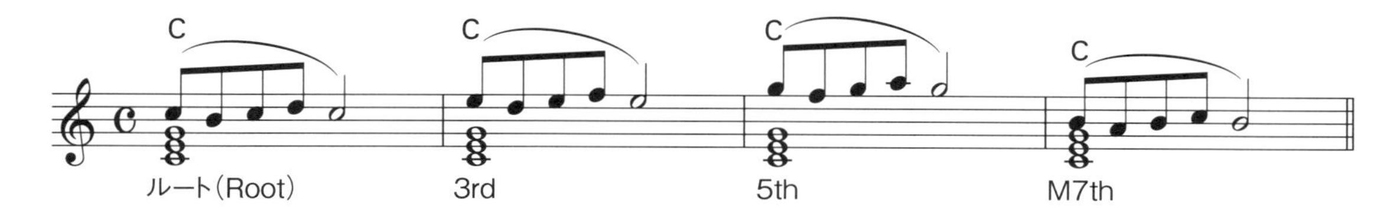

▼ ①ルート始点のメロディ

ルートから始まるメロディは、**安定感や力強さ**を持っています。歌いやすいという意味では、童謡や歌謡曲にも向いていると言えるでしょう。また、コードとメロディが一体化しやすい為、歌の独立性は弱くなる側面もあります。装飾音や展開を活用して、メロディを広げていきましょう。

◆譜例2　各小節でコードのルートからメロディを始めた例1　音源あり

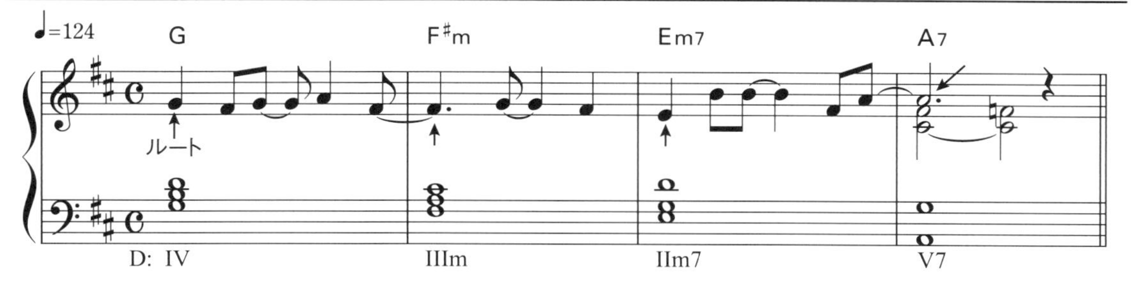

ポップスのサビに向かうメロディを想定しています。とても分かりやすい歌謡曲的なアプローチと言えるでしょう。

◆ 譜例 3　各小節でコードのルートからメロディを始めた例 2

こちらも 1970 年代後半～ 1980 年代のアイドル歌謡の雰囲気を持っています。現代に応用するとしたら、アレンジやビートを変えないとレトロな印象を与えかねないので、その点は留意する必要があります（但し、音楽性と商業性は別の話です）。

▼ ② 3rd 始点のメロディ

3rd はコードの長･短（メジャー･マイナー）の性格を決める音であり、ベースとも 3 度関係になるので、ルートと同じく安定感があります。歌としての独立性と安定感の両方を持つ、**バランスの良いメロディが作りやすい**と言えます。

◆ 譜例 4　各小節でコードの 3rd からメロディを始めた例

C メジャーの IIIm から始まったと仮定しています。五度圏を回っていき、最後はサビに向けて突き進むイメージです。

ルートが始点の時よりも叙情性が強く出ており、世の中の出来事の「力強さ」よりも、個人の「感情」を表すのに適しているように感じます。

▼ ③ 5th 始点のメロディ

5th は三和音（スリーコード）の中で最も不安定な音ですが、その分**メロディの独立性が高く、表情豊かなメロディを作れる**というメリットがあります。その反面、散漫なメロディ（劇伴的な抽象性を持った）になる危うさもあるので、その点に留意しましょう。

◆譜例 5　各小節でコードの 5th からメロディを始めた例

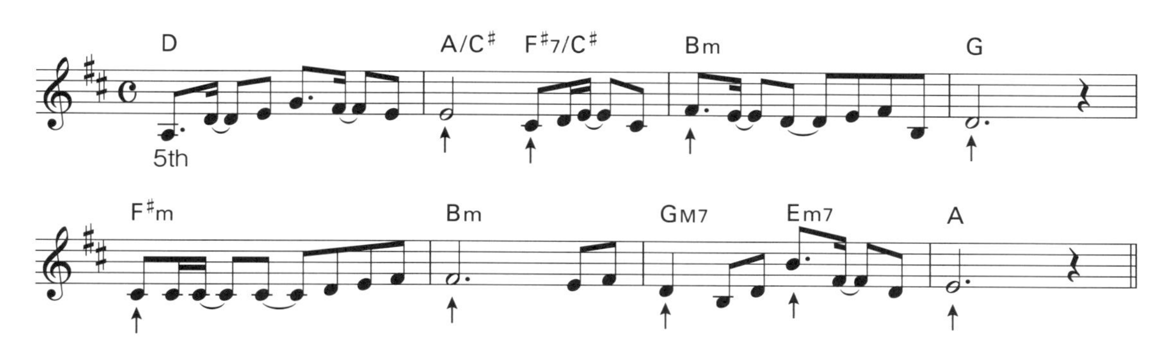

A メロからしっとり始まるバラードをイメージしました。一拍目は必ず、コードの「5th」から始まっていることを確認してみましょう。

▼ ④ 7th（メジャー 7th）始点のメロディ

古典（クラシック）の場合は V7（ドミナント 7th）でしか起こりえませんが、ポップスやジャズでは珍しくない用法です。特に「**メジャー 7th**」は独特の浮遊感があり、**濃すぎないお洒落なメロディ**を求める場合に活用してはいかがでしょうか？

◆譜例 6　各小節でコードの 7th からメロディを始めた例　音源あり

B♭ メジャーで捉えると、「VIm ー IV ー IIIm ー VIm」というサイクルで回っています。

メロディを安定させるのが難しく、V 度を使うとドミナント 7th の性格が強くなるので、避けるようにして作りました。「平行進行」であれば比較的、使いやすい進行だと思います。

▼ コード・トーンから始まるメロディ〜まとめ

最終的には「**ルートから 7th までの始点を上手くブレンドして作る**」ことが多いのですが、ある種の「**縛り（トレーニング）**」として訓練するのは、とても良い経験になると思います。器楽曲と異なり、声は音域もリズムも限られる部分があるので、**基準の音を固定してメロディを作る**という発想は割と現実的です（西洋のグレゴリオ聖歌等は、大衆が歌えるように音程の幅が小さかった）。

アプローチ・ノート（ノン・コード・トーン）から始まるメロディ

これまで「コード·トーンから始まるメロディ」を考えて来ましたが、実際の楽曲を見てみると一曲丸々コード・トーンでスタートしている曲の方が少ないです。それだけ、「**メロディの独立性がとても大切**」ということです。

ここでは、「ノン・コード・トーン」からスタートするメロディについて見ていきます。

◆譜例 7　基本的なノン・コード・トーンの考え方

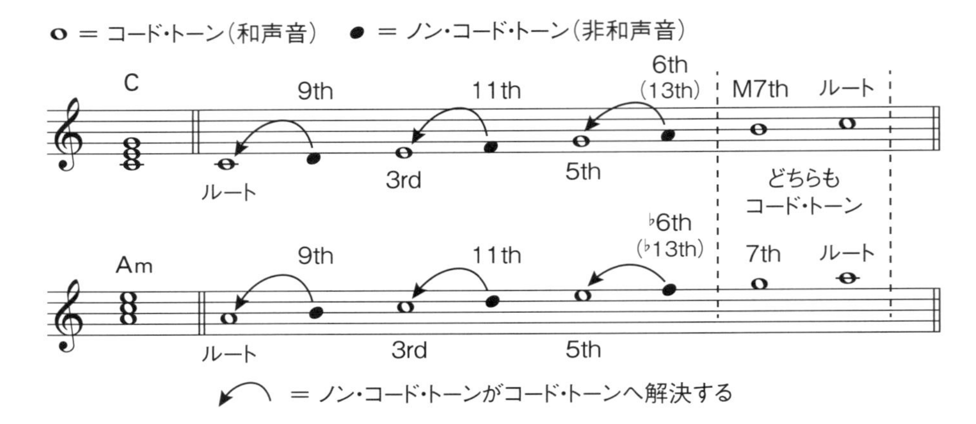

ルート・3rd・5th のそれぞれの 2 度上の音を「**ノン・コード・トーン**」と呼びます。これはクラシックの和声学に由来する考え方で、「**ノン・コード・トーンがコード・トーンへ解決する**」という流れを表しています。

実際、メロディはそれだけで独立しているのでコードに縛られ過ぎる必要はありませんが、一つの参考にして頂ければと思います。

◆譜例 8　ノン・コード・トーンで始まるメロディの例

音源あり

【譜例 8】では、基本的に「**下行解決**（倚音（いおん）と呼ばれる）」していますが、最後の G7 については下行解決ではなく構成音（ルート）に跳躍しています（例外的）。

また、3 小節目のメロディは Em7 に対して「ファ」で、コード理論上は不協和音と呼ばれる「**♭9th**」です。しかし、こちらも短い音であれば構いませんし、ジャンルによっては許容されるものです。

4 小節目は A♭（同主短調 ♭VI）に対して「**♯11th（D）**」にあたる音ですが、D（レ）は C メジャーのダイアトニックの音でもあるので、自然に響きます。

◆譜例 9　半音下のノン・コード・トーン（クロマチック・アプローチ）

o ＝ コード･トーン
● ＝ ノン･コード･トーン

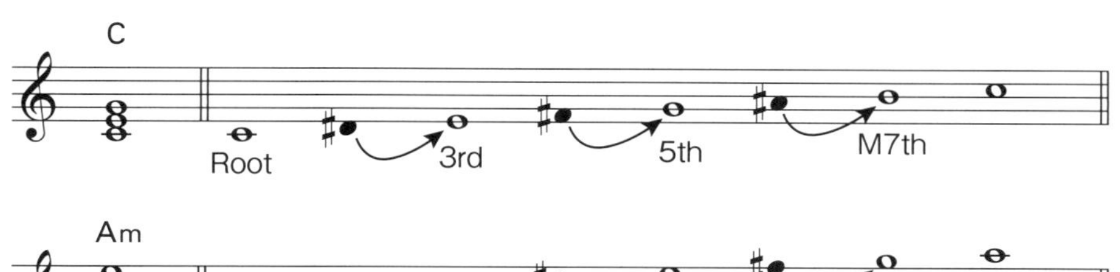

今度は、コード・トーンの下部の音から「**半音でアプローチ**」する手法です。

特に、C は三つともノン・ダイアトニック（調性外）な音であることに注目してください。Am の方はシ（9th）、レ♯（♯11th、または♭5th）、ファ♯（6th）となっています。

C におけるシの音は M7th で、４和音ならコード・トーンとして扱われますので当然使うことは可能です。

◆譜例 10　半音下のノン・コード・トーンの使用例

４小節目以外は全て、「半音下」からのクロマチック・アプローチです。お洒落になる半面、「**使い過ぎると調性感が曖昧になり、メロディの訴求力が弱まる危険性がある**」ことを覚えておいてください。ジャズにおいては寧ろ、積極的にこういった音を使う傾向がありますので、求められるサウンドに応じて活用するようにしましょう。

▼ 楽曲におけるルートという発想を持とう！

Cメジャー・キー（ハ長調）の楽曲において、**主音は必ずドです**。これは、コードがFでもAmでも変わりません。「**コードの変化に左右されず、一本の軸を通すようなイメージ**」でメロディを作ってみると説得力が増すことでしょう。

◆譜例11　**キーの「主音」をメロディに固定した例**

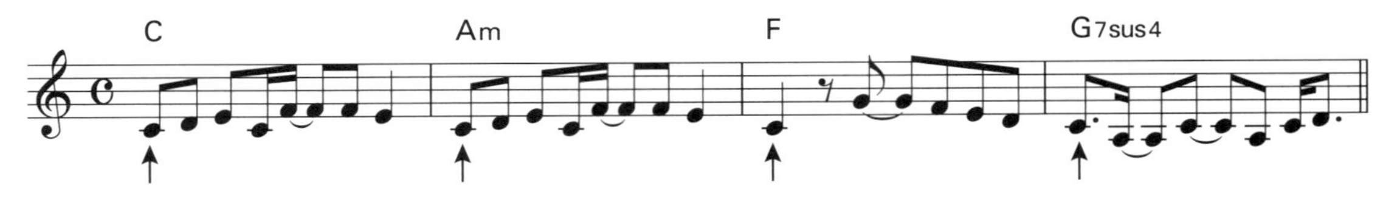

“**背景（コード）が色々と移り変わっても主人公（メロディ／主音のド）は変わらない**”といったイメージを持って作ると良いと思います。その分、飽きさせないメロディを作るにはどうすればよいか試行錯誤が必要ですが、「何となくコードに合えばよい」という次元から脱する一歩になるはずです。

フレーズを作るためのポイント

▼ 耳に残る覚えやすいフレーズを作ろう

歌ものにおいて、フレーズを区切る基準は「**息継ぎ**」と「**人間の記憶力**」があげられます。これらを破った長いフレーズを書くこともできますが、「息苦しくて覚えにくい」というのはポップスにおいて致命的な欠陥になります。

作った人間は創作過程において何度も楽曲を聴き、隅々まで知り尽くしていますが、リスナーにとっては初対面です。少なくとも、出だしやサビの部分には「**覚えやすく歌いやすい**」フレーズを置くことを心掛けましょう。

また、リスナーの記憶に残る為には、ある程度「**まとまったフレーズ**」であることも重要です。シンプル且つ記憶に残るメロディを心掛けて、それを繰り返していくことが大切です。

◆譜例 12　同じコード進行で２つのフレーズを比較してみよう

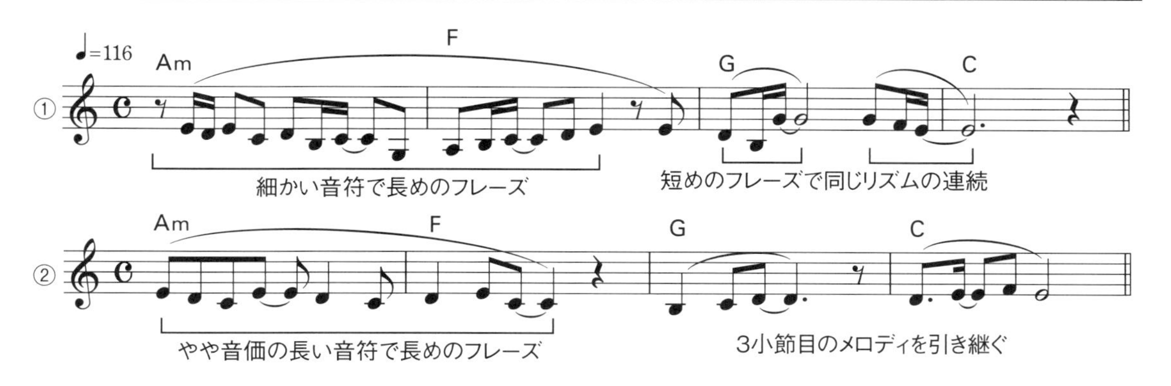

譜例の①と②は、同じコード進行が設定された４小節です。

どちらのメロディもキーは A マイナー。冒頭が少し長めのフレーズ、後半が短いフレーズの連続という体裁を取っています。

テンポにもよりますが、**細かいフレーズの方が覚えるのは大変**です。ただ、内在するエネルギーは大きいので、「**解放するような大きなメロディ**」が後ろに続いた場合は相応のカタルシス（達成感）が得られるはずです。

一方で、**やや音価の長いフレーズは覚えやすい反面、冗長になってしまう危険性**も孕んでいます。この辺りのさじ加減は「好み」の問題でもあるので、自分なりに掘り下げてみることをオススメします。

▼ フレーズの展開

フレーズの展開については、作曲に慣れていき全体の流れを把握できる力が身に付くと、**自然にできるようになる部分**が大きいのが事実です。

例えば、幼稚園や小学校で「絵日記」を書いたことがありますね？その内容は、次のようなものだったと思います。

今日は晴れていました。お外で元気に遊びました。楽しかったです。

それが段々と「読書感想文」、さらには「卒業論文」を書けるようになり、今では会社で難しい「報告書や稟議書」を書いているかもしれません。

これらは、どこかで習ったのかというと、自然と現場で覚えたケースや先輩の真似をして上手くなったケースが大半だと思います。どうしても「理論で書ける」と思いたい気持ちは分かるのですが、私自身、理論立ててメロディを作ったことは一度もありません。

かといって、何にもヒントが無いというのも酷な話ですので、自作を客観的に見て分析をしてみます。皆さんも作曲の追体験をするつもりで、「自分ならこうするかも」という視点で考えてみてください。これも「音をイメージ」することが一番大切ですので、必ず歌うか演奏してみましょう。

◆譜例 13　フレーズの展開（一例）

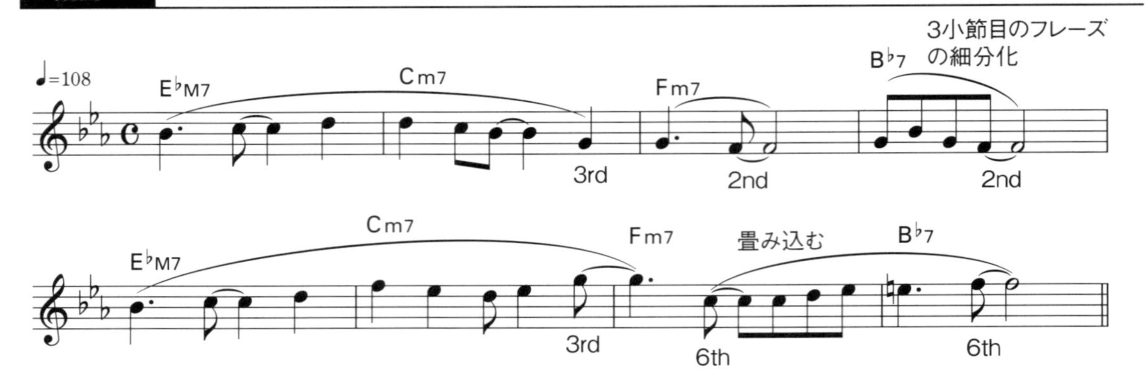

「前半の４小節」と「後半の４小節」は、出だしが全く同じです。

キー E♭ の第５音から始まり、順次進行で「上がり下がり」をするメロディは、決してインパクトのあるものではありませんが、導入としてはとてもシンプルで爽やかです。

３～４小節は、「ソ・ファ」というフレーズを細分化して「ソ・シ♭・ソ・ファ」に変化させています。同じフレーズを繰り返しても全く問題はありませんが、細分化することにより「段落」がより明瞭になります。

後半の６小節目は、**「音程の上げ幅」**を増やし高揚感を演出しています。また、その後もリズムに**「シンコペーション（先取り音）」**を活用して、グルーブ（ノリ）が増すように仕掛けているのが分かると思います。こうして、「興奮させて沈静化」というサイクルをリスナーに体験させることができます。

一旦、作曲者側のペースに巻き込めれば、その後はリスナーも「この曲はこんな感じの曲だろうな」という予測が立つようになり、演出する側（作曲者）もストーリーを「決められたレール」に乗せやすくなるのです。

その中で予想を裏切るかどうかは、作曲者のセンスやその時に求められている需要次第になります。

▼ フレーズの終止

フレーズとは「メロディと認識できるカタマリ」を指します。

最低限「２音」あればメロディになり得ますが、ポップスの場合は歌詞が入るので概ね**「２小節単位」**と思って良いです（つぶやきや問いかけの形で１小節というケースを除く）。

そのフレーズの「終止（または区切り）」の部分に注目してみると、名曲達は実に巧みにコントロールされていることに気付きます。最初の４小節だけでも色々なパターンがありますが、分析する方法としては、「コードの第何音に来ているか」よりも、その**「楽曲のキーの第何音になっているか」**を見てみるとコツが分かってくるでしょう。

例えば最初の８小節で、**「最後の音がキーの第何音」**になっているかを並べてみます。

♪参考曲 「最初の8小節」の最後がキーの何番目の音で終わるか？（タイトル横のカッコはキー）

▼ ルートで終わっている曲

- Flavor Of Life（Cm）／宇多田ヒカル
- 夜に駆ける（Cm）／YOASOBI
- いとしのエリー（D）／サザンオールスターズ
- Magic（G）／Mrs. GREEN APPLE
- すてきなホリデイ（C）／竹内まりや
- 馬と鹿（E♭）／米津玄師
- タペストリー（B♭）／Snow Man
- 花火（F）／aiko
- それを愛と呼ぶなら（B♭）／Uru

…etc.

▼ 3rd で終わっている曲

見当たらず（該当するものが殆どないと思われるが、くまなく探せばでてくるかも？）。

▼ 5th で終わっている曲

- 本能（Dm）／椎名林檎
- ずっと好きだった（B♭）／斉藤和義
- Everything（D♭）／MISIA
- Boys & Girls（B）／浜崎あゆみ
- 難破船（B♭m）／中森明菜
- 青春の影（G）／チューリップ

…etc.

▼ 2nd で終わっている曲

- マリーゴールド（D）／あいみょん
- チェリー（C）／スピッツ
- 希望の轍（D）／サザンオールスターズ
- SOUVENIR（D）／BUMP OF CHICKEN
真夏の夜の夢（Cm）／松任谷由実
- ロマンスの神様（D）／広瀬香美

…etc.

▼ 6th で終わっている曲

- 負けないで／（G）ZARD

…etc.

▼ ♭6th で終わっている曲

- 酒とバラの日々（F の ♭VI 音）／H. マンシーニ

…etc.

これらの結果を見る限り、8小節はフレーズの「締め」にあたる部分であるため、やはり「**主音（ルート）に回帰する**」ことが多いようです。また、楽曲の構成によっては「**ドミナント・コード**」が該当する場合も多いので、例えばキー C の場合は G のコード・トーン、**ソ**（キーにおける第五音）や**レ**（キーにおける第2音）も比較的多い印象でした。

意外だったのは、第三音や導音で終わるものが殆ど見当たらないことです。これは恐らく、日本のポップスにおける特徴で、他のジャンル（クラシックや洋楽、ジャズ）であれば、該当する曲が多くあります。

▼ 3rd や 7th で終わっている曲（日本のポップス以外）

- アルフィー（G の VII 音）／B. バカラック
- 時のたつまま（C の III 音）／H. ハップフェルド
- 枯葉（Gm の ♭III 音）／J. コスマ
- イット・クッド・ハプン・トゥ・ユー（E♭ の III 音）／J. ヴァン・ヒューゼン…etc.

これらの結果を元にフレーズの「まとまり」を意識しながらメロディを作ってみましょう。最初は4小節からでも構いません。4小節ができれば、そのままコピーをして末尾を入れ替えればできあがりです。

◆譜例 14　フレーズの終止

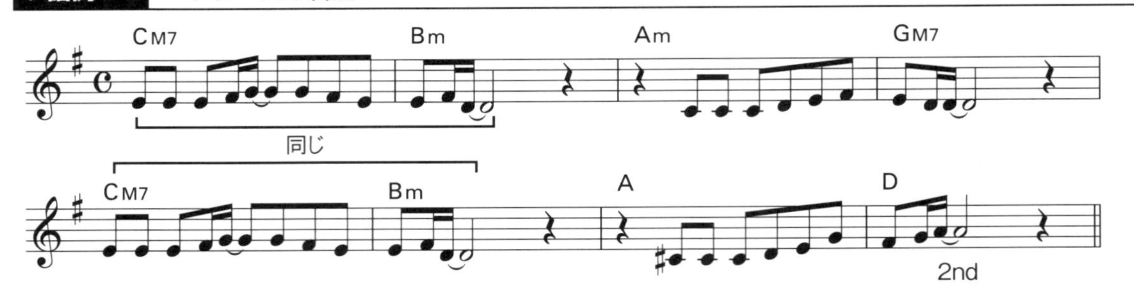

前半の１～２小節と後半の５～６小節は全く同じです。後半は３～４小節の動きを参考にしながら、繰り返しがしやすい、または次のセクションに進めるように配慮した動きに変えました。

ここでも、キーの「**2nd**」の音で終止していることに注目してください（譜例はキー G)。本当に他の音が合わないのか試してみるのも面白いので、実践してみましょう。

第７音（ファ♯・導音）や第４音（ド）は、決して音楽的におかしい訳ではありませんが、クラシックの「属七の和音」を想起するので、急激にポップさが失われる感じがします（第４音の場合、少しメロディを組み替える必要あり）。

第３音（シ）は展開にもよりますが、ドミンナントの上に来るとかなり拍子抜けした感じになるのが分かると思います。

メロディとコードを分離して考える

一般的に楽曲のキー（調）は「コード進行」によって決まると考えられていますが、実は**メロディ単体でもキーを作り出せます。**

メロディによる調性の創造は「コード進行」のように瞬時にできませんが、**音の流れや置き方によっては可能**であり、聴き手に無意識のうちに「**中心**」を認識させることができます。

次の譜例の旋律だけを歌う、もしくは弾いてみましょう。

◆譜例 15　メロディのトニックを感じてみよう

①は明らかに最後に「C メジャー」の中心を感じ取れると思いますが、②の方は調性が停滞しており、どちらかというと浮遊感を感じるメロディだと思います。

こういった主観的な判断に委ねられる調性を「**ホリゾンタル・トーナリティ（ヨコの軸）**」と呼びます。コードの力強さには敵いませんが、聴く側の潜在意識には深く刻み込まれる調性と言えるでしょう。

【譜例 15】のメロディに対して、コードで「**異なる調性**」を与えると重層的な「調性構造」を生むことができます。

◆譜例 16　**【譜例 15】の①にホリゾンタル・トーナリティと異なるコードを付けた例**　音源あり

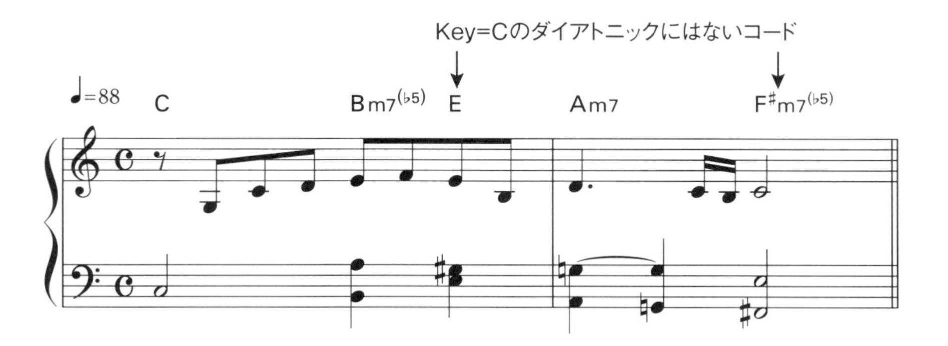

Cメジャー・キーを感じられるメロディに対して、上記のようなハーモニー付けをすると「暗くはないが少し切ない」という感情表現が可能になります。これまで聴いてきた楽曲を、こういった観点から再度分析してみると思わぬ発見があるでしょう。

後ろに「ノン・ダイアトニックなメロディ」を繋げてみよう

メロディにとって「統一感」はとても重要なものですが、敢えて調性を変えて場面転換をしたり、気分を変える効果を狙うことがあります。その手法の一つとして、「**旋律線の転調**」があります。これをもう少し簡単にいうと、「**他の調から音を借りる**」になります。主な方法として、次の 2 つがあげられます。

①セカンダリー・ドミナントやサブドミナント・マイナーによる変化
②旋法（モード）の移旋による変化（モーダル・インターチェンジ）

◆譜例 17　**①セカンダリー・ドミナントやサブドミナント・マイナーによる変化**

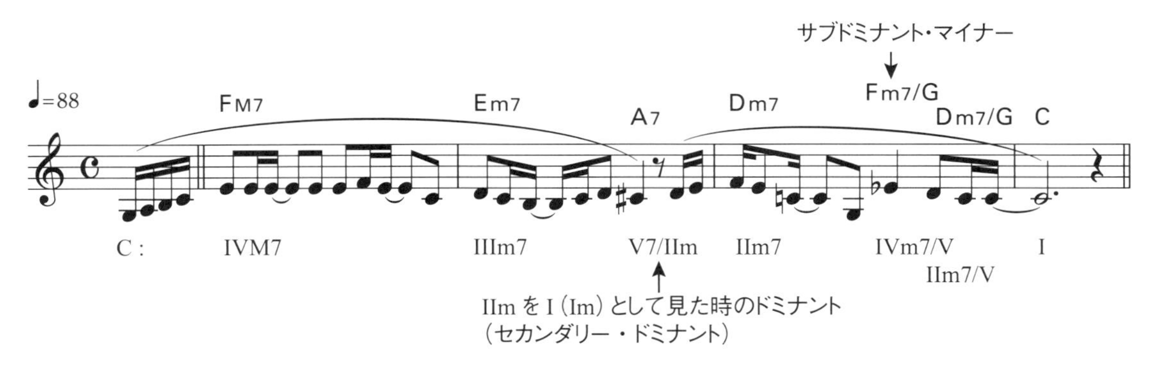

【譜例 17】は、バラードの曲尾（曲の終わり）を想定しているメロディです。

2 小節目はセカンダリー・ドミナント A7（Dm キーの V7）の影響で、ドが「**ド♯**」に変化しています。また、3 小節目はサブドミナント・マイナー Fm7（Cm キーの IV）の影響で、ミが「**ミ♭**」へと変化しています。

慣れるまでは始めにコード進行を決めてからメロディを乗せる方がやりやすいと思いますが、「**響きの流れが身に付いて来る**」と自然にノン・ダイアトニックなメロディが浮かんでくるでしょう。

次の【**譜例 18**】は旋法の変化の譜例です。こちらも曲の終わりを想定しています。

◆ 譜例 18　②旋法（モード）の移旋による変化（モーダル・インターチェンジ） 音源あり

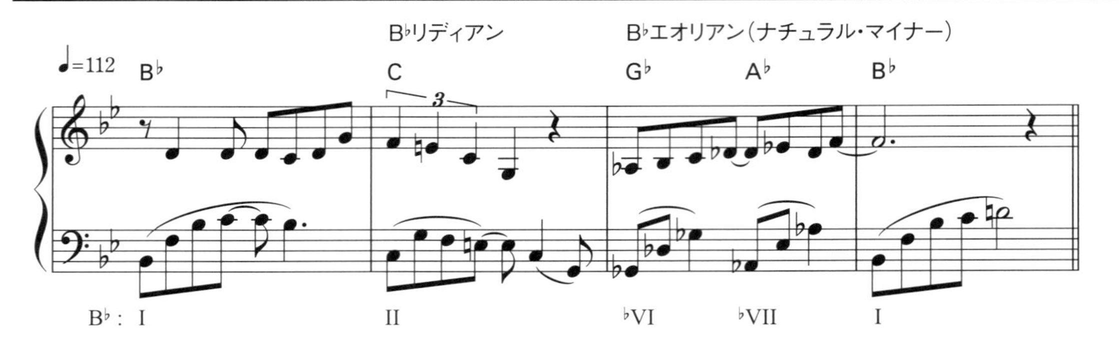

◉B♭メジャー・スケール

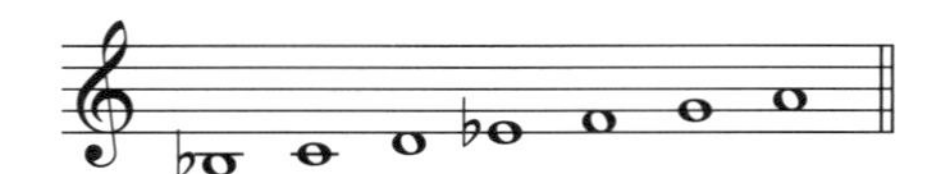

◉B♭エオリアン・スケール（ナチュラル・マイナー）

◉B♭リディアン・スケール

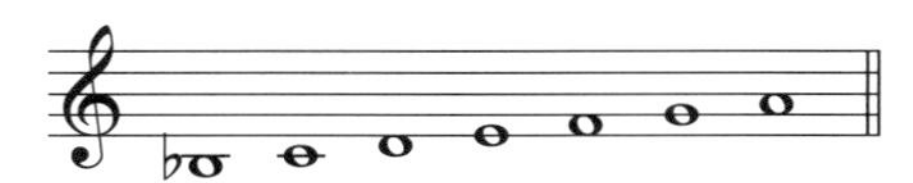

キーは B♭ メジャーで、2 小節目にミ♭（IV）の音が半音上ってリディアン、3 小節目では B♭ エオリアン（自然短音階と同じ音）に変化しています。

まるで、車線変更をしているかのようなダイナミズムを感じますが、聞き手に散漫な印象を与える恐れがある為、キーが落ち着く前（序盤）の頻繁なモード・チェンジは、あまりオススメしません。

転調をしてみよう

楽曲のキー（調）を決定するのには、一定の長さが必要です。これはドラマや映画を観たり、小説や漫画を読む際に「楽しい・悲しい」、「面白い・つまらない」等を判断するときと似ています。数秒間見ただけで「面白い・つまらない」と取捨するには相当の経験が必要なはずです。

また、歌ものに限らず調性を持つ音楽の場合、段落を分けるには「**8小節**」が一つの目安になります。それ以下の短いスパンでの転調は「一時的な転調」として区別されます。

どんな時に転調をするのかを考えてみると、次の「**三つの要素**」が多いことに気が付きます。

※ポップスにおいてのキーの見分け方

キーを上げる、下げるは「**調号**」を基準にします（長・短が混合しているものは特に注意）。楽典上の「転調」とは少し解釈が異なります。

例：C → Am　楽典的には短3度下がっていますが、調号は変わりません。この場合は転調ではなく平行調へ移っただけと解釈します。

例：C → Cm　同主短調への転調ですが、調号が無い状態から♭三つに増えたので、短3度上がったと解釈します。2つのキーをメジャーに揃えて比べてください（C → E♭）。

▼ ①サビを盛り上げたい、サビで雰囲気を変えたい

♪参考曲

- Love so sweet／嵐（B → C 半音上げ）
- M八七／米津玄師（D♭ → E 短3度上げ）
- ミスター／YOASOBI（E → Cm 半音下げ）
- 最高到達点／SEKAI NO OWARI（B → D♭ 全音上げ）
- I'm a mess／MY FIRST STOR(Bm → G♯m 短3度下げ)
- SEASONS／浜崎あゆみ（C♯m → Fm 長3度上げ）※Bメロの段階で転調
- Beautiful World／宇多田ヒカル（Dm → Em 全音上げ）
- ハッピーサマーウエディング／モーニング娘。（D → F 短3度上げ）
- 燦燦／三浦大知（F → G → A 全音上げ）…etc.

▼ ②後半やエンディング（例：サビの繰り返しや大サビの部分）で刷新感を出したい

♪参考曲

- 罪と罰／椎名林檎（Fm → G 半音下げ）
- 本能／椎名林檎（Dm → Em 全音上げ）
- 私は最強／Ado（E → G 短3度上げ）
- 元気を出して／竹内まりや（C → D♭ 半音上げ）
- つつみ込むように…／MISIA(C → D♭ 半音上げ) …etc.

▼ ③テクニカルな動き、ドラマ性を持たせたい（頻繁な転調）

♪参考曲

- Cry Baby／Official髭男dism
- ロマンスの神様／広瀬香美
- 逆夢／King Gnu …etc.

これらは実際に楽曲も聴いて、感覚を味わってみてください。音域が限定的な「歌もの」において、音域を大きく変えずに「雰囲気を変える」には「2～3度程度の転調」がよく活用されているのが分かりますね。また、曲の最後の「長・短2度上げ」は1990年代のポップスでは多用されていました。その時代の流行りや需要に応じて、変わってくる部分が大きいと言えるでしょう。

次の譜例で転調のやり方を確認してみましょう。

◆譜例 19　「全音下」のキーに転調する例（セカンダリー・ドミナントから）　音源あり

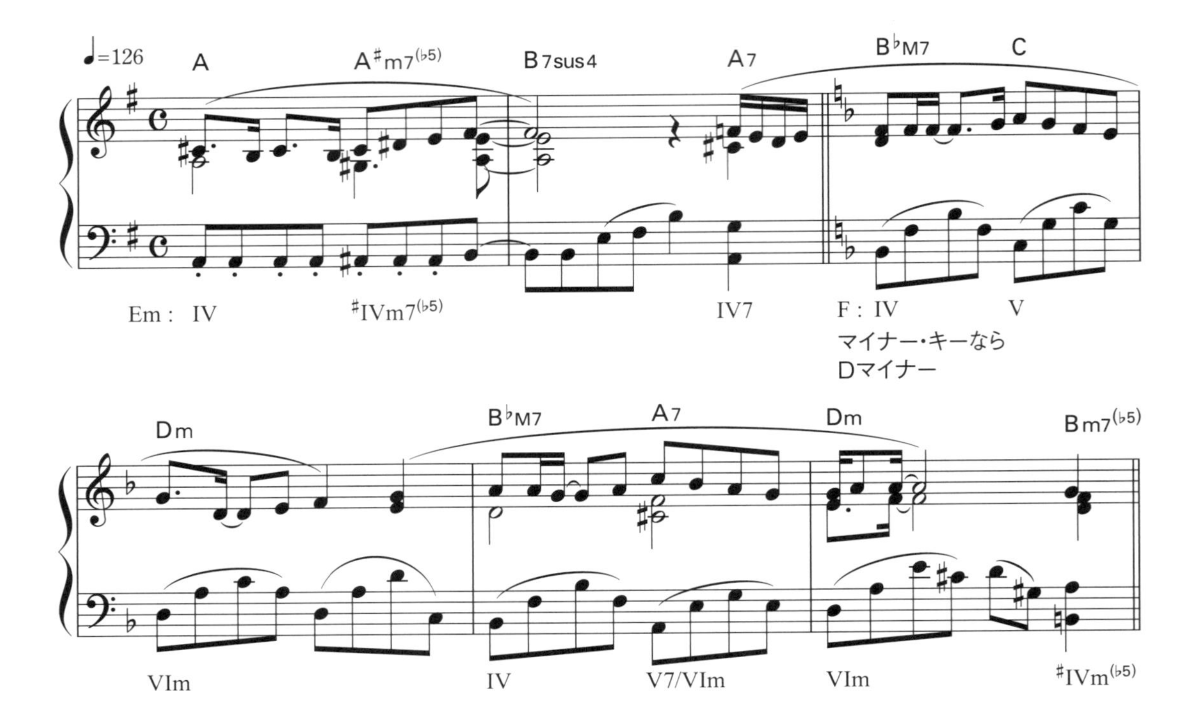

楽曲進行上、サビの部分の出だしはキーの I や IV に持っていくケースが非常に多いです。【譜例 19】においても、転調後のキーの IV 度へ飛んでいます。

◆譜例 20　短 3 度上のキーへ転調する例（V からの偽終止）

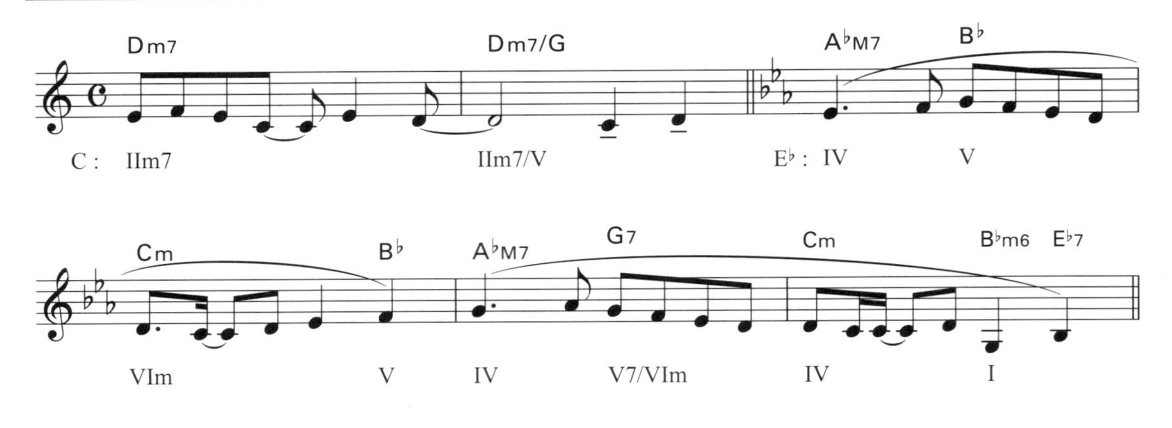

こちらの例は C メジャー→ E♭ メジャーの転調で、行きついた先はそのキーの「IV 度」になっています。音域的には似たような高さですが、キーが変わると相当に印象が変わることを感じ取ってください。

ここでは、セカンダリー・ドミナント、ドミナントから偽終止をして転調する方法を紹介しました。このように、ドミナント・コード（セカンダリー・ドミナント）は必ず解決する必要はないので、これを利用して一時的な転調をしたり、セクションだけ調を変えることもできます。

展開を考えよう（A メロから後が浮かばない）

「作曲」と一口に言っても大きく分けて、次の二種類があります。

①「小説や脚本」のように筋立てて行うもの（歌ものや往年の劇伴）
②「絵画や詩」のように印象を音響的、感覚的に表現するもの（近年の劇伴、現代音楽）

後者（②）の場合は必ずしも展開や繋がりを意識する必要はなく、極端なことを言えば、プログレッシヴに思い付くまま音を並べるだけでも成立します。しかし、本書でとり上げている「歌もの」の場合は、ある程度決められた尺（長さ）でお話をまとめなくてはなりません。クラシックにおけるバッハの「フーガ」やモーツァルト、ベートーヴェンの「ソナタ」も実は「様式美」であり「形式美」の結晶なのです。

「歌もの」を何百曲も聴いていると、その展開が自ずから身に付くケースも多いのですが、近年は「テレビメディア離れ」もあるためか、国民全員が共有している新たな名曲が減って来ているように感じます。こうした状況において、作曲を学びたい方は能動的に楽曲を選んで聴き、分析していく必要性が増してきたと言えるでしょう。

意外かもしれませんが、私が作曲をレッスンする時は必ず、「童謡」や「アメリカン・フォークソング」、「ヨーロピアン・フォルクローレ」のお話をしています。
10 年・50 年・100 年と歳月の篩(ふるい)にかけられて歴史が遺した名作は、必ず普遍性を持っているはずですから、これらを分析しない手はありません。

早速、S.C. フォスターの「故郷の人々」から展開の仕方を確認してみましょう（次ページから）。

◆故郷の人々

作曲：S.C.フォスター

▼ 楽曲を弾いて（聴いて）のポイント

①メロディの構造はほぼ同じで、三段目だけが全く異なっている（b が歌ものの「サビ」に当たる）。

② 1 段目、3 段目の奇数段はドミナントで終わり、次に繋がるようになっている。

③ b のみが「V 度（ドミナント）」始まりになっている為、際立っている。

④旋律の動きとしては、a・a' は「下降×順次進行」、b は「上行×順次進行」で対比になっている。

⑤最後の a' はエンディングなので「リハーモナイズ」すると良いかもしれない？

さらには、「IV 度で始まる段が無い」という点にも気付くと素晴らしいです。そこで、新たに間奏を作ってみました。間奏のコード進行は「IV − IIIm − IIm − V」で平行進行を利用しています。また、主旋律のリズムと重複しないように、敢えて休符で始まり音域も少し高めを狙って作られています。

このように曲を分析できれば、これらの特徴を「**自分の作曲にも活かす**」ことができますね。

◆ 浦島太郎

文部省唱歌

【構成】
(a) I—I—I—V　(c) I—I—(V—I)—V
(b) I—I—I—　(d) I—I—(I—V)—I

※細かいコードチェンジは省略しています。

形式でいうと「a－b－c－d」と目まぐるしい冒険譚ですが、なぜか統一感があり、シンプルな親しみやすさがあります。

コードは私が付けたので、やや複雑なアレンジがされていますが、シンプルに幼児向けにアレンジした場合は「I と V」のみで済んでしまいます。

コード進行においてのポイントは、4 小節目と 12 小節目の折り返し地点が必ず「**V 度（ドミナント）**」になっている点です。こうすると、より段落が明瞭になります。

▼ 楽曲を弾いて（聴いて）のポイント

- **1 小節たりと同じメロディが無い。F メジャー・ペンタ（ファ・ソ・ラ・ド・レ）でやりくりしている。但し、9 小節目のみシ♭が入っており、雰囲気が一瞬変わる感じがする。**
- **「ト音記号下のド～高いドまで」のオクターブ間で、実にドラマティックにメロディが展開している。**
- **2 小節ごとのメロディ・ラインは「コード分散」も多く、響きが分かりやすい。**
- **11 小節目のみ「ソ」を中心としたメロディが現れ、最終段落への弾みになっている。**

コード進行のみではなく、メロディの特徴（開始音や上昇・下降、コードとの関係）も分析できるように練習していきましょう。これを繰り返すうちに自分の感覚として、「**メロディのまとめ方**」が掴めてくるでしょう。

先ほどの楽曲やここまでのページを参考にして、「起承転結」が分かるような曲を作ってみましょう。楽曲は4部（4小節×4＝16小節）に設定してみてください。

▼ フレーズを作る際のポイント（おさらい）

・歌ものは「ペンタトニック」
・最初は4分音符・8分音符を中心に作る

皆さんも上記のポイントを頭の片隅に置きながら、あまりそれに囚われ過ぎずに**自由に作ってみましょう**。最初からスムーズにできるとは限りませんが、どこで行き詰るのか、どこが苦手なのかを確認することも訓練になります。

行き詰まった場合は、これまでに学んだ以下のことを試してみましょう。

・繰り返しを意識。
・メロディの型（上昇・下降・跳躍進行・順次進行）。
・フレーズの頭・区切り方・展開を変える。
・スケール
・P.50・51 の童謡に倣う　…etc.

◆ 譜例 21　短起承転結のストーリーを持った例

エンディングに当たる部分なので、盛り上がるフレーズになるように意識。
音域もこれまでの最高音（C♯）まで伸びている。

(a) 1 〜 4 小節目

まず、冒頭の４小節を前・後半に分けて「対（つい）」になるように作っています。この時点ではまだ、曲が終わるような「終止形（ドミナント→トニックの動き）」にならないように気を付けましょう。

(b) 5 〜 8 小節目

前半の２小節は、（a）の流れを受け継いで、**リズムは全く同じ**にしています。７小節目からは曲を続ける為の推進力を必要とする為、これまでにない「ダブル･ドミナント（※）」のコード･トーンがメロディに入ってきています。

リズムも４分音符の力強い上行によって、次のフェーズ（局面・段階）、次の試練への場面転換を予期させます。

「終止の音」はＡメジャー・スケールの第 VII 音になっており、比較的クラシカル、または昔の歌謡曲や童謡のテイストにしました。

※ドミナント（V）へのドミナント。II7 にあたる。

(c) 9 〜 12 小節目

ポップスであればＢメロにあたる部分で、これまでの８小節とは異なる流れを作り出す必要があります。そのため平行短調の「F♯m」から始めており、フレーズも「８分休符からの下降フレーズ」を２回繰り返しています。

これはまるで、「どこに進んで良いか分からない迷い･葛藤や逡巡（しゅんじゅん）」を表しています。11 〜 12 小節目は、その迷いを解決するには至っていませんが、少し宥（なだ）めるような沈静化させるフレーズになっているのを感じてください。

(d) 13 〜 16 小節目

最後の段落である 13 小節目からは「エンディング」にあたる部分なので、楽曲の中で一番盛り上がるフレーズになるように意識しています。４分音符で階段状に昇っていき、15 小節目では音域も楽曲中で最高の「**ド♯**」まで伸びています。

「ほぼ１オクターブ」の音域の中でドラマを作る面白さが、歌ものの醍醐味です。皆さんも肩の力を抜いて、童謡・わらべうたを作るつもりで作曲に取り組んでみてください。

Section 1-5

日本におけるメロディの傾向

現代に流れているポップスと、50年前に流れていたポップスはサウンドも歌詞もリズムも大きく変わっています。しかし、日本のメロディの底流には「**ペンタトニック（マイナー・ペンタ）**」を軸とする親しみやすさと強さがあり、これが「普遍性」を保っているのです。

本項では、時代ごとに少しずつ変化する日本のポップスの特徴を概観していきましょう。

覚えやすさと歌いやすさが中心（カラオケ向き）

▼ 1970年代〜　演歌・フォーク全盛期⇒ポップスへ（A→B、A→B→C、A→B→A等）

冒頭のAセクションは繰り返されることが多いです。

それまでの歌謡曲・演歌が引き続きその勢いを保っている中で、国際情勢の影響（特にベトナム戦争）を受けた「社会へのメッセージ」を強く訴える音楽（フォーク、ロック、ジャズ等）が出て来ました。これらは当時、「不良の音楽」のように扱われた時代もありましたが、1970年代はその閉塞感を打ち払う機運が溢れた時代でもあるのです。

1966年のビートルズ来日のインパクトも大きく、個性や自己主張、生活感ではなく、スタイリッシュ（カッコ良い）なものを求めて商業音楽が大きく舵を切り、シティポップやアイドル歌謡（キャンディーズやピンク・レディー）が生み出されていきます。

70年代後半には、今も一線で頑張っているサザンオールスターズ、ユーミン、山下達郎（ソロになる前）、ゴダイゴ等が、それまでにない現代的な感覚の萌芽を見せています。

♪参考曲

- 真夜中のドア〜 stay with me ／松原みき
- いとしのエリー／サザンオールスターズ
- 春一番／キャンディーズ
- 魅せられて／ジュディ・オング
- COBALT HOUR ／荒井由実（松任谷由実）
- ガンダーラ／ゴダイゴ（GODIEGO）
- かもめが翔んだ日／渡辺真知子
- 津軽海峡・冬景色／石川さゆり
- 女のみち／宮 史郎とぴんからトリオ
- さよならをするために／ビリー・バンバン
- 17歳／南 沙織

…etc.

（例題曲 1）幻の私を抱いて

音源あり

演歌風（A → A' → B）

作詞・作曲：彦坂恭人

この曲の形式はⒶ－Ⓑの拡張版です。私が「歌謡曲とポップスの中間くらい」を想定して作った楽曲で、Ⓐを繰り返した後にⒷに入り、そのまま楽曲をクライマックスに持っていく流れになっています。現代のポップスとは異なり、明確な「サビ」のセクションはありません。

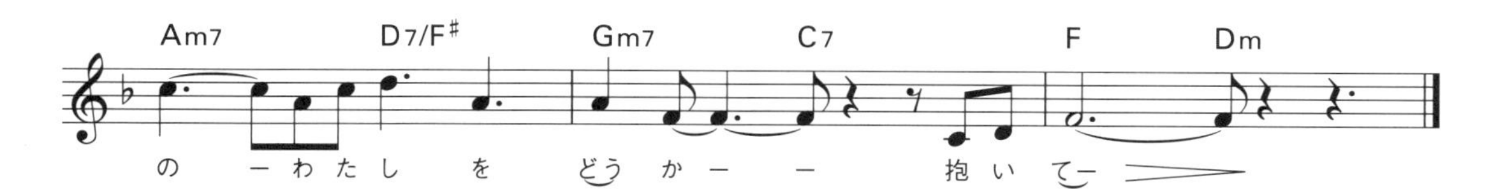

★ポイント
- ・セクションⒶはIVのコードから始まっている。
- ・ペンタトニック・スケール色が強いメロディ（Dマイナー・ペンタ＝レ・ファ・ソ・ラ・ド）
- ・セクションⒷから同音連打のメロディ

詳しい解説は次ページから➡

▼「幻の私を抱いて」の解説

コード進行が冒頭からⅣ度（B♭M7）で始まっているため、「歌謡曲っぽさ」を払拭しようとしていることが分かります。なぜなら、「**Ⅳ − Ⅲm − Ⅱm − Ⅴ**」という平行進行は1970年代の演歌・歌謡曲には殆ど見られません。しかし、その一方で、メロディはペンタトニックの強さを濃厚に打ち出しており、やはり聴く人には「歌謡曲」だと認識されることを狙っています。

メロディの特徴としては「**下降×順次進行**」の典型となっています。コードの平行進行に沿うように、各小節のアタマの音も「**ラ・ソ・ファ**（全て7thかM7thにあたる音）」と下降しているのが分かると思います。

これが、Bセクションに入ると「**同音連打型**」に変わり、最終段落では女声の高域である「**高いド**」や「**レ**」が登場します。

作曲をする際は、必ずしもこのようなシナリオを設計してから作ってはいませんが、たくさん聴いたり作ったりする中で「シナリオの流れ」が身に付き、結果、自然と出てくるようになりました。

▼ 1980年代～1990年代　ニューミュージック、J-POP全盛期（A→B→サビ）

1980年代は萩田光雄、船山基紀、大村雅朗、等の専門的なアレンジャーが活躍した時代です。また、シンセサイザー黎明期でYMO（坂本龍一、細野晴臣、髙橋幸宏）等の影響もあり、バリエーション豊かなサウンドが生まれました。

その他、好景気で海外旅行が注目を集めた為か、「異国情緒（オリエンタリズム）」を意識した以下のような曲がCM用に多く作られ大ヒットしました。

- **飛んでイスタンブール／庄野真代**
- **異邦人／久保田早紀**
- **魅せられて／ジュディ・オング**　…etc.

一方で、音楽形式の画一化（システム化）も見られ始め「A→B→サビ」という形式を持った楽曲の割合が増えてきたのもこの時代の特徴です。これは、TVCMの限られた秒数（約15秒）で映えるキャッチ―な「サビ」を最大限、如何に盛り上げるかが音楽業界の最重要課題となったことにも端を発しています。

サビを先に作ってから、シングルCD制作時にAメロとBメロを後から付けるという荒業も平気で行われていました（必ずしも悪いとは言えませんが…）。

♪参考曲

- **赤いスイートピー／松田聖子**
- **青い珊瑚礁／松田聖子**
- **君は天然色／大瀧詠一**
- **RIDE ON TIME／山下達郎**
- **春咲小紅／矢野顕子**
- **もしもピアノが弾けたなら／西田敏行**
- **メモリーグラス／堀江 淳**
- **Diamonds／プリンセスプリンセス**
- **君に、胸キュン。／YMO**
- **2億4千万の瞳-エキゾチック・ジャパン-／郷ひろみ**
- **ギザギザハートの子守唄／チェッカーズ**
- **風のエオリア／徳永英明**
- **川の流れのように／美空ひばり**

…etc.

1990 年代も引き続きポップスは好調で、シングル CD の売り上げも物凄いものがありました（100 万枚売れるのが不思議では無かった時代）。特に女性アーティストの活躍が目立ち、安室奈美恵や華原朋美、宇多田ヒカル、椎名林檎、浜崎あゆみ、MISIA 等が時代のアイコンになるほどの勢いでした。

また、小室哲哉（globe、安室奈美恵、篠原涼子、等）や小林武史（Mr.Children、サザンオールスターズ、等）、つんく♂（モーニング娘。）、織田哲郎（ZARD、相川七瀬）等が作曲家、プロデューサーとして大成功を収めたのもこの時代です。

恋愛に関する「名曲」が多数生まれ、それまでよりも「繊細で個人的な内容」の歌詞、年齢ごとの恋愛が描かれるようになってきたのも 90 年代の傾向と言えます。

因みに「単独アイドル」の需要はやや影を潜め、大規模グループ･アイドルや入替制アイドル（AKB48 等）による息の長い成長戦略は、この後の 2000 年初頭に生まれています。

♪参考曲

- どんなときも。／槇原敬之
- Automatic ／宇多田ヒカル
- フラワー／ Kinki Kids
- 永遠／ ZARD
- ごめんね…／髙橋真梨子
- アジアの純真／ PUFFY
- いいわけ／シャ乱 Q
- サボテンの花／財津和夫
- 世界中の誰よりきっと／中山美穂＆ WANDS
- 負けないで／ ZARD
- 格好悪いふられ方／大江千里
- Time goes by ／ Every Little Thing
- 恋しさとせつなさと心強さと／篠原涼子
- 涙のキッス／サザンオールスターズ

…etc.

（例題曲 2）天使の羽で はばたいて

音源あり

作詞・作曲：彦坂恭人

構成は『A → A' → B →サビ』で、各８小節です。最後のサビは２小節拡張しています。
時間的には概ね 90 秒（1 分 30 秒）程度に収まると「デモ曲」としてのひな型にハマってきます。1970 年代〜 1980 年代前半の楽曲群と比べると長く感じる為か、途中で転調（E♭ → G♭ への短３度上げ）をしても、あまり不自然に感じません。寧ろ、飽きさせない為の選択肢として有用にも思います。

サビ
C
G♭M7
E♭m7
逢 いに ゆ き たい て んし の は ねで

A♭m7
D♭7
A♭m7
G7(♯5)
お もいき り ーとおく は ばたーい て ーきみのところへ

G♭M7
E♭m7
と んで ゆ く から か みを な び かせ

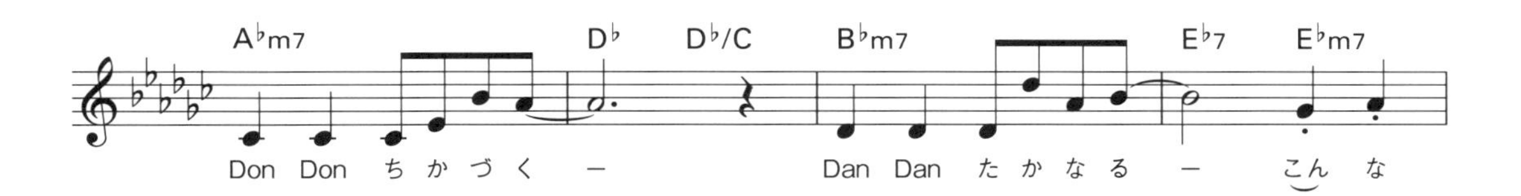
A♭m7
D♭
D♭/C
B♭m7
E♭7
E♭m7
Don Don ちかづくー Dan Dan たかなるー こんな

A♭m7
A♭m7/D♭
G♭
き もちー 分かっ てー

打ち込み・ボカロ楽曲の台頭

▼ 2006年頃〜　ひとりカラオケの流行、ボカロ楽曲の台頭、ネットメディアの普及

音楽制作機材（DAW等）や音源の飛躍的な発達、YouTube、TikTok（2017〜）等、配信手段の多様化により、プロとアマチュアの垣根は低くなりました。

そして、ポップスに求められる要素としては「歌いやすさ」よりも、「**インパクトのある歌詞**」、「**リズム**」や「**ギミック（仕掛け）**」が重視されるようになっています。「楽曲の良さ」も大切ですが、アーティスト自身のプロフィールや日常も評価の対象となってきており、昔よりもリスナーとの距離感が近付いたようにも感じます。

また、音楽以外の複数のメディア（映像や小説等）との融合（メディアミックス）も以前にも増して重要になっており、良いメロディさえ作っていれば認められるという考えは通用しない時代になって来たと言えるでしょう（作曲家としては複雑な気持ちにさせられますが…）。

▼ まとめ

ポップス（歌謡曲）は「時代を映す鏡」とも言われますが、バブル景気に浮かれていた時も賑やかで華やかな歌ばかりが流行した訳ではありませんし、反対に不況と戦乱の最中で絶望的に暗い歌ばかりが求められている訳でもないでしょう。

自分の感性や興味の枠に留まらず、世間の動きや世界全体の流れに目を向け、常に観察していく姿勢がとても大切です。

Section 1-6

独特の雰囲気を与えるスケール

第 1 章の最後は、独特の雰囲気があるスケールを紹介していきます。響きが気に入った方、雰囲気を出したい方は使用してみてください。

琉球音階

琉球音階は沖縄に伝わる民謡音階で、メジャー・スケールの「**二六抜き**」で構成されています。

Cメジャー・スケールのIIとVIがない。

インドネシアのガムラン音楽、中国やブータンにも同様の音階が存在するようで、「**ド・ミ・ソ（長三和音）**」と「**ファ・シ（トライトーン）**」のみという大らかさが特徴的と言えます。

コード付けに関しては音階に縛られる必要はありません。また、補助的に「**レ（第二音）**」が使われることもあります。

◆ 譜例 1　琉球音階の例

Gメジャー・スケール = ソ・ラ・シ・ド・レ・ミ・ファ♯ ⟶ IIとVIをとる ⟶ Gの琉球音階（ソ・シ・ド・レ・ファ♯）

中近東（アラブ風）な雰囲気のスケール

一般的に「アラビア風」や「中近東っぽい」と表現されていますが、ポップスの場合は具体的な国を指している訳ではなく、アラブ・エジプト・イラン・イラク・イスラエル等の諸国を漠然とイメージして使われることが多いです。

起源はイラン（ペルシャ）にあり、種類も基本旋法だけで 12 種類あります。ここでは、実用性があるものを一つだけ上げましょう。

これは「チャハールガーフ」と呼ばれる旋法で、「短 2 度→短 3 度」という連続関係を二ヶ所も含んでおり、独特の雰囲気を醸し出します。

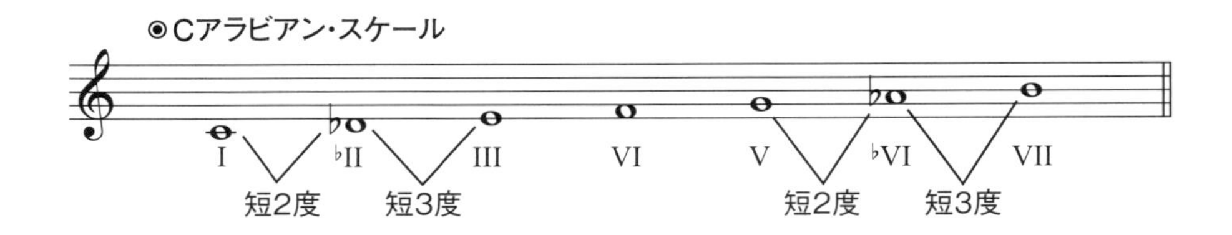

◆譜例 2　アラビア風の音階を使った例

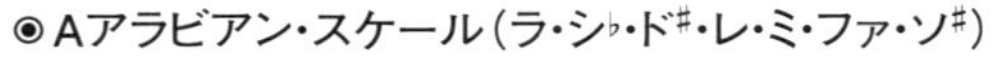

日本の歌ものやポップスでは殆ど使われることはありませんが、例えば民族テイストの欲しい「アニメ主題歌」や「アイドル楽曲」に時折見かけます。ポップスで流れていても特段驚くことは無いと思います。

スパニッシュな雰囲気のスケール

フラメンコ音楽に使われる音階で、その形は「アラビア風音階」の「**第 VII 音**」をフラットさせたものとも言えます。特徴的なのは、第三音に「**メジャー 3rd とマイナー 3rd が共存している**」点です。通常の「七音階」から一つ音が足されているので、「**スパニッシュ 8 ノートスケール**」と呼ばれることもあります。

このように、半音階が入ると「幻惑的なムード」が強まることが分かるでしょう。

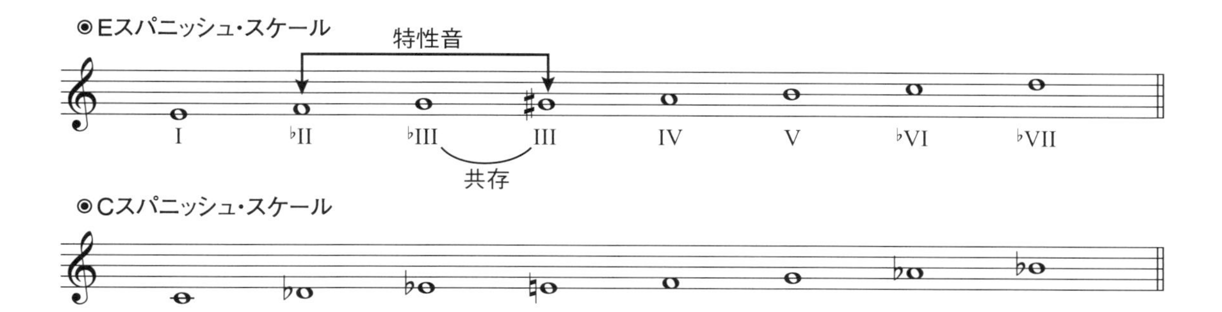

◆ 譜例 3　C スパニッシュ・スケールを使った例　音源あり

哀愁漂うメロディ

マイナー・スケールは日本人好みの音階であり、昭和歌謡から現在に至るまで連綿(れんめん)と受け継がれています。アイドル楽曲やゲーム音楽等にオシャレなコードが付いていても、メロディは「昭和歌謡」ということは結構あります。

そのポイントとして、以下の四つがあげられると思います。

a. マイナー・ペンタトニックが基調
b. 同型反復
c. 同音連打（小節線をまたぐことも多い）
d. 半音階の活用

【a】だけであれば懐かしさはある程度出せますが、哀愁までは中々表現できません。しかし、「**日本語のウエットな歌詞**」に、「**半音階のメロディ**」を乗せると一気に演歌の雰囲気が出てきます。

上記の例としては、今から半世紀以上前の 1959 年に大ヒットした「情熱の花（ザ・ピーナッツ）」があります。この曲は、クラシックの「エリーゼのために（半音階のメロディ）」に、日本語の歌詞を付けて歌われています。

また、コードでいうと「**マイナー・セブン（♭5th）**」は単体でも日本的な優美さと切なさを持っているように感じます。

◆ 譜例 4　哀愁漂うメロディの例（C マイナー・ペンタが基調）

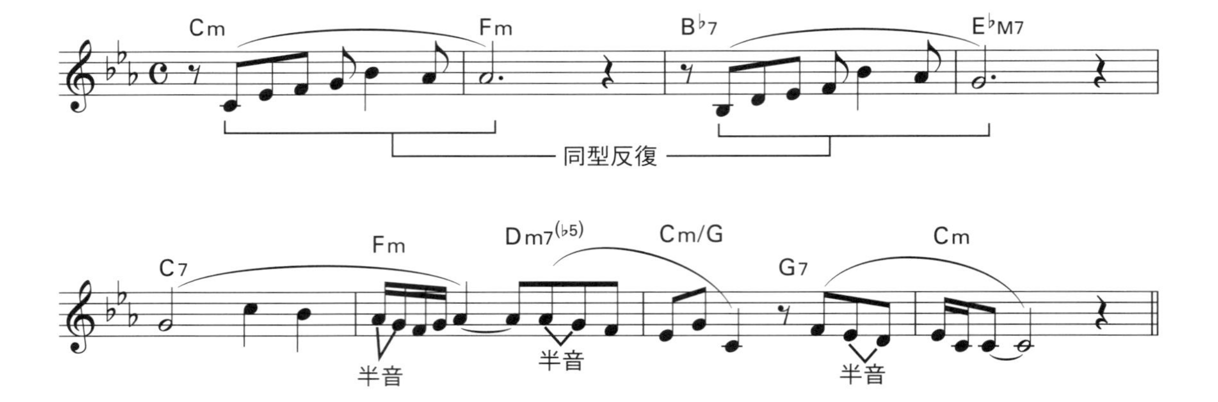

ブルース

ブルースは「**アフロ・アメリカン（アメリカ黒人）**」の音楽文化を起源に持ちます。
労働歌（ワークソング）や黒人霊歌（例えばゴスペル）から発展し、西洋古典音楽のメロディやハーモニー等とも融合し複雑化してきました。ジャズやロックン・ロールも「**根っこにはブルース**」があります。

音楽の構造面から見てみると、「アフリカのメロディ（旋律）」が「西洋のハーモニー（和声）」の上に乗っているような形で、もっとシンプルに表現すると「**長調の主要和音の上**」で「**マイナー・ペンタトニック**」を歌っています。マイナーなメロディとメジャーなコードなので、構造としては「**複調（メジャーとマイナーの融合）**」が生まれます。

◉ブルース・コードの成り立ち

ブルース・スケールは、メジャー・スケールの「3rd・5th・7th」を半音下げたような形をしており、特に「**5th はどちらともいえない不確定な音程**」で歌われます。この下がった**♭3rd・♭5th・♭7th** を「**ブルー・ノート**」といいます。
また、これらのスケールと主要三和音が融合すると C7・F7・G7(#9♭13) というブルース・コードが生まれ、ジャズ・ブルースでよく用いられるコードになっています。

◆譜例5　ブルース的なフレーズが使われた例

◉Aブルース・スケール（ラ・ド・レ・ミ♭・ミ・ソ）

♭5th ＝ ブルー・ノート

ポップスでは頻繁に使われることは稀で、ピンポイントのキメフレーズ等に組み込まれることが大半です。楽曲のみならず、アーティストのイメージに合うかという観点も忘れてはなりません。
日本のポップスにおいても、ブルージーな雰囲気を上手く取り入れているアーティストは多く、鈴木雅之、椎名林檎（特に「丸の内サディスティック」）、aiko「花火」、米津玄師、YOASOBI、Official髭男dism、ヨルシカ等、性別や世代に関係なく例が見られます。

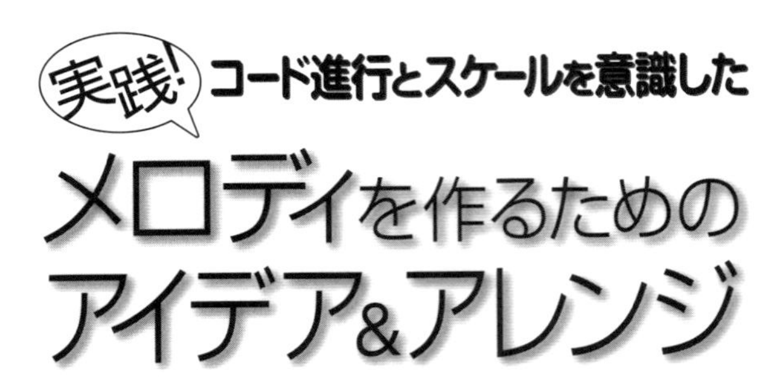

実践!
コード進行とスケールを意識した
メロディを作るための
アイデア&アレンジ

第２章

メロディを定番のコード進行に乗せてみよう

2 章の例題を元に自分でも作曲しよう

この章では、第 1 章で学んだことを元に実際に作曲をしていきます。

是非、皆さんも「**ひな型**」として、またはインスピレーションの題材として活用してみてください。最初からフルサイズで作るのではなく、まずはしっかりと「**A セクションの 8 小節を作る**」こと。その次に A に帰るための「B セクション」に挑戦してみてください。もちろん、できる方は「サビ」の部分から作っても構いませんが、シナリオの全体が見えてからでないと意外に難しいかもしれません。

コード進行パターンは、大抵 4 小節または 2 小節（2 拍ごと）しかありません。それだけで一曲書ける訳でもありませんし、そのパターンを A メロ・B メロ・サビのどこで使うかによっても印象が変わってきます。

私が作曲する際は、基本的に「コード進行パターン」は全く考えていません。しかし、これまでにたくさんの楽曲を聴いてきたので、自然とその響きの流れが記憶の中から導き出されます。これは魔法でも何でもなく「**慣れ**」や「**執着心**」が成せる業なのだろうと思います。

今回はあくまでも、「**メロディをコードにどう乗せるのか**」、「**何通りも考えては書き直す、作り直すこと**」が目的です。試している間にも「コード進行」を聴いている訳ですから、とても良い訓練になります。

※以降の譜例は、音源のピアノ演奏に向くようにメロディをオクターブ上げてアレンジしている場合があります。また、曲タイトルがある譜例は、ピアノ音源の動画の後、または YouTube のプレイリストから原曲の音源を聴くことができます。

▼ I 度のコードから始める

ポップスでは、意外に「**I 度のコードから曲が始まる**」ことが当たり前では無いように感じます。歌謡曲や演歌であれば、様式や慣習上、それが許されない場合もありますが、「ポップス（J-POP)」は実に多様性に溢れています。

しかし、響きの流れを知る、シナリオの流れを掴む上で基本はとても大切です。様々な音楽を聴いてみて、まずは「**トニック（I 度）の感覚**」を掴むようにしてください。

Section 2-1

Ⅰから始める～カノン進行
（Ⅰ－Ⅴ－Ⅵm－Ⅲm）

カノン進行について

カノン進行のⅤとⅢmは転回形として使われることが多く、転回させるとベース・ラインが順次進行で下降します。

透明感のある素直な楽曲を作るのに向いており、「応援歌」、「元気を出そう」、「ポジティブに行こう」等のイメージの楽曲にはテンポや展開を問わず合うことでしょう。

参考曲も豊富にあるので、どのような使われ方をしているのか研究してみてください。

◆譜例 1　カノン進行の詳しい分析

①単純化された表記

C　G　Am　G

Ⅰ　Ⅴ　Ⅵm　Ⅴ

②経過的なEmをしっかり表記

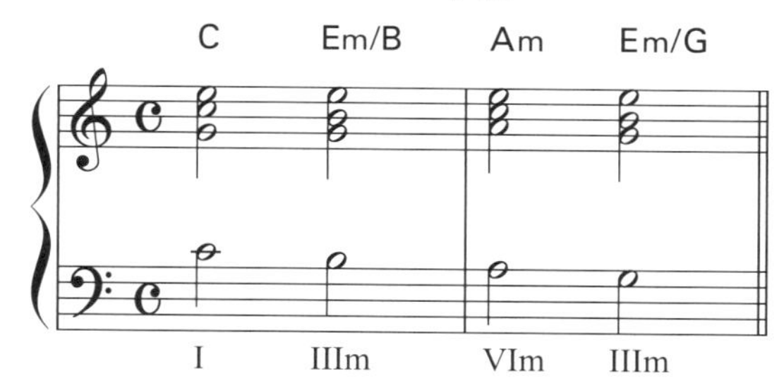

カノン進行は大きく２種類の書き方があります。①のように表記すれば「C－G－Am－G」になりますし、②なら「C－Em－Am－Em」となります。

これはクラシック的に「転回形」をしっかり表記するか、また「GとEm」の響きの差異を明確にするかによって決まります。

本来の響きは②に近いものですが、多くの聴き手にとっては殆ど違いが分からないので、曖昧になっているまま今日まで来ています。あくまでも「分かれば良い」というのがポップスなのです。

♪参考曲

- マリーゴールド／あいみょん
- 真夏の果実／サザンオールスターズ
- チェリー／スピッツ
- ANTENNA／Mrs.GREEN APPLE
- 時の流れに身をまかせ／テレサ・テン
- 負けないで／ZARD
- 勇気100%／光GENJI
- 愛を込めて花束を／Superfly
- 世界に一つだけの花／SMAP
- クリスマス・イブ／山下達郎
- Dragon Night／SEKAI NO OWARI
- さくらんぼ／大塚愛
- それが大事／大事MANブラザーズバンド
- 蕾／コブクロ
- 向日葵／Ado

…etc.

カノン進行 1

音源あり

使用スケール Dメジャー・スケール

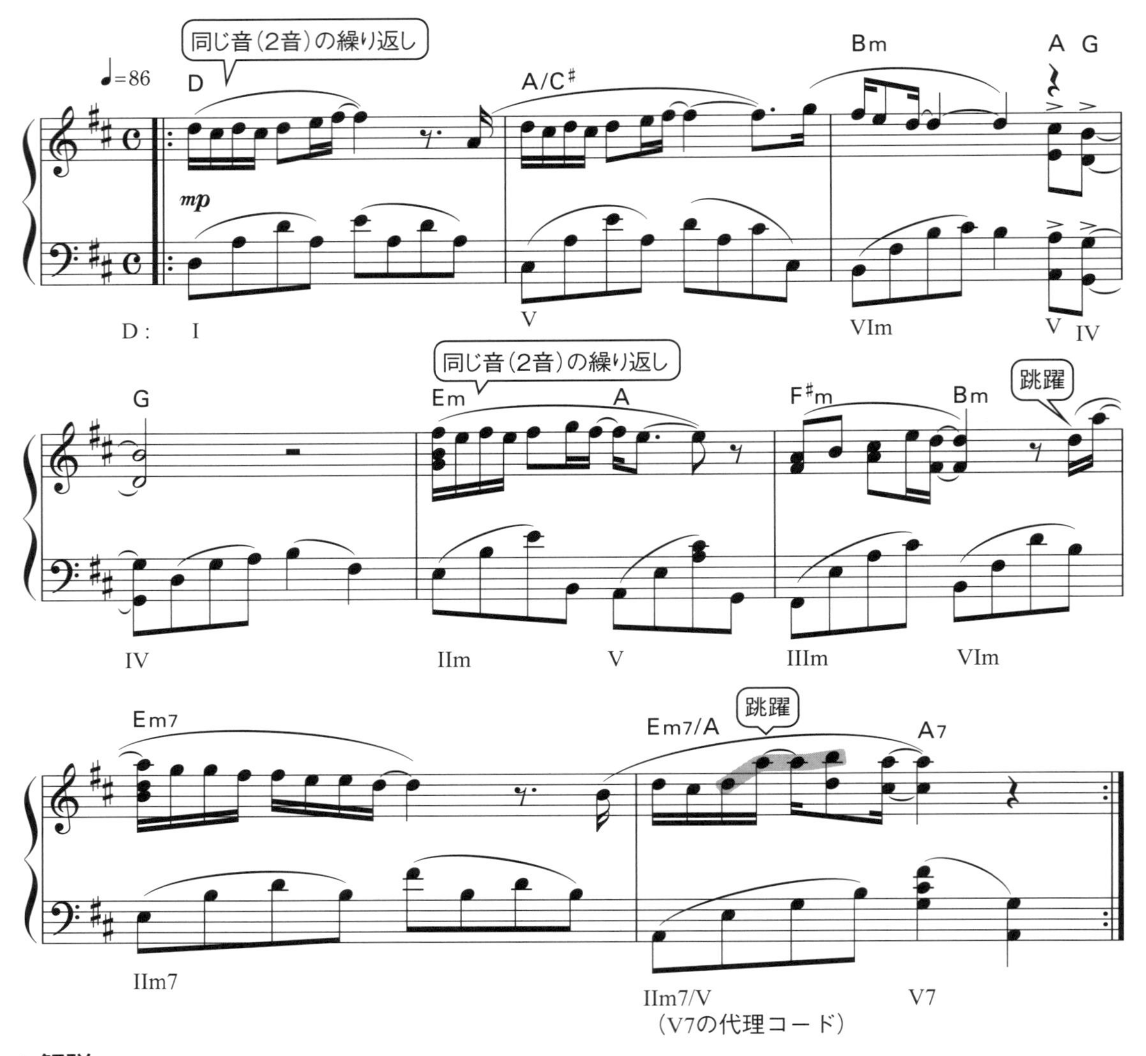

＊解説

ミディアムなバラードとでも言ったところでしょうか。「**レ・ド♯・レ・ド♯**」と同じ音型を繰り返すことにより「純粋さ」や「情熱」を表しています。

４小節目は少し変則的になっていますが、このように骨格が「カノン進行」であれば、曲の根幹は揺るぎません。

後半は「IIm － V － IIIm － VIm」という逆循環でできています。また、６・８小節目には大きな上行跳躍のメロディが現れ、楽曲を盛り上げています。

カノン進行 2　あなたにホライズン　作詞・作曲：彦坂恭人　音源あり

A メジャー・スケール

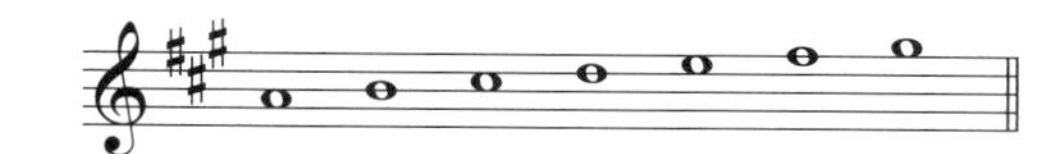

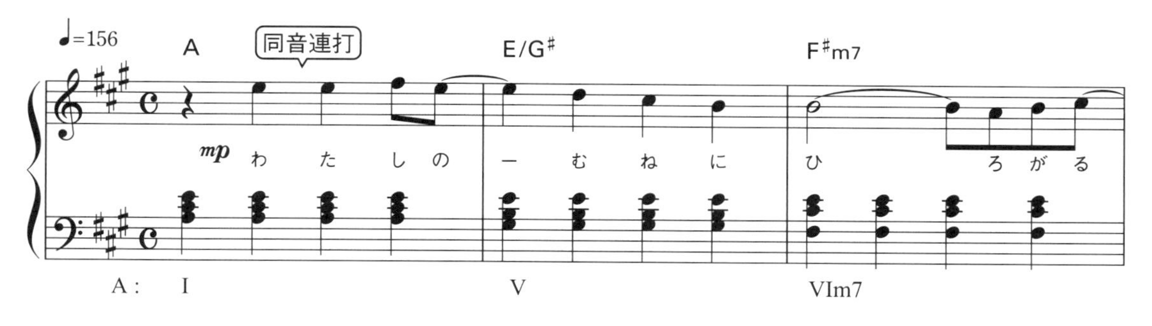

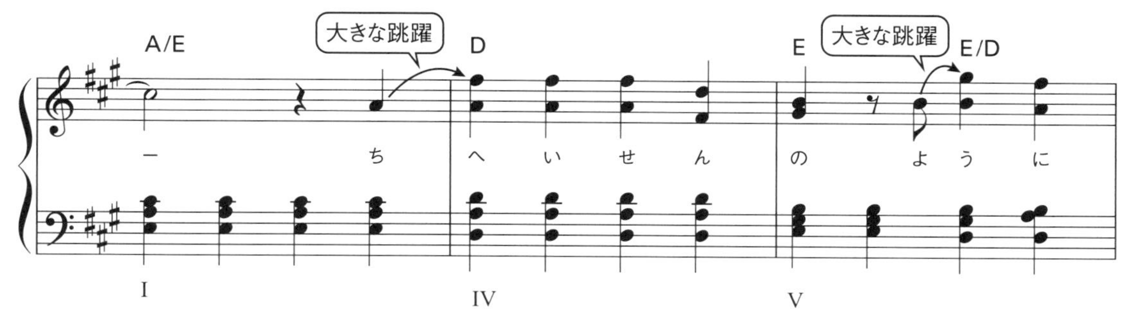

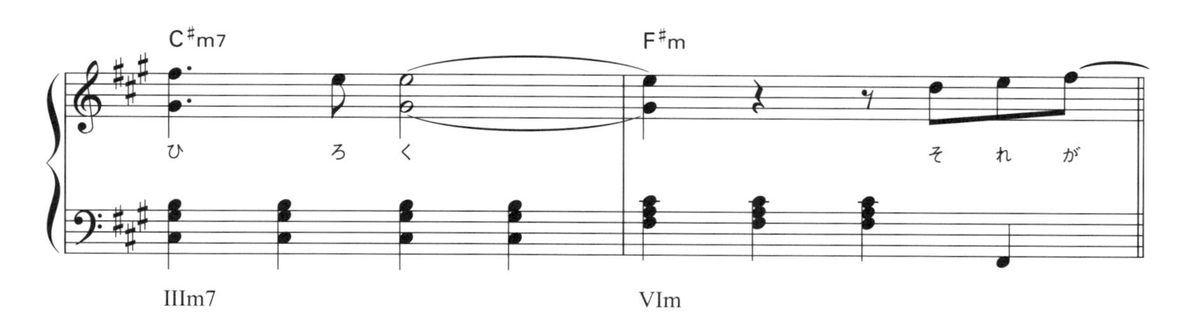

＊解説

構成は前半が「I － V － VIm － I」のカノン進行で、後半が「IV － V － IIIm － VIm」の王道進行でできています。

多くの楽曲ではカノン進行が「A メロ」として使われていますが、**サビの部分**でも使える進行です。なぜなら、曲を前に進める力がとても大きいからです。

メロディの特徴としては「**同音連打**」があげられるでしょう。アップ・テンポのアイドル楽曲のため、細かいフレーズにはなっていませんが、出だしの部分はいずれも同じ音の連続になっていてグルーヴを統一しています。また、前半は下降の順次進行で始まったメロディが、後半では大きく躍動しており、停滞感を与えないように配慮しました。

Section 2-2

音源

Ⅰから始める〜循環進行
（Ⅰ−Ⅵm−Ⅱm−Ⅴ、Ⅰ−Ⅵm−Ⅳ−Ⅴ）

循環進行は、1950年代にアメリカで大流行した進行です。「アメリカン・オールディーズ（懐かしの名曲）」と敬遠されがちですが、現代にこの進行で作るのは却って新鮮かもしれません。また、作曲家のメロディセンスが問われる進行とも言えます。

因みに、ジャズの分野では「ブルース形式」と並ぶ二大巨頭であり、この形式で何十〜何百という名曲が作られています。

♪参考曲（※代理の「Ⅲm−Ⅵm−Ⅱm−Ⅴ」も含む）

- ロビンソン／スピッツ
- このまま君だけを奪い去りたい／DEEN
- Magic／Mrs.GREEN APPLE
- 桜が降る夜は／あいみょん
- おどるポンポコリン／B.B.クィーンズ
- 悪女／中島みゆき
- 想い出の渚／ザ・ワイルドワンズ
- ダイアナ／ポール・アンカ
- スタンド・バイ・ミー／ベン・E・キング
- アンチェインド・メロディ／ライチャス・ブラザーズ（映画「ゴースト」のテーマ）
- さよならの向う側／山口百恵
- 君が好きだと叫びたい／BAAD
- SUMMER CANDLES／杏里
- Eyes On Me／フェイ・ウォン

…etc.

循環進行 1

音源あり

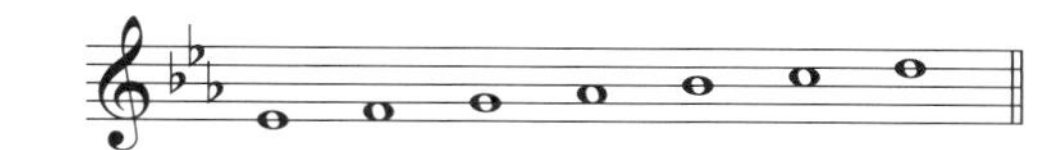

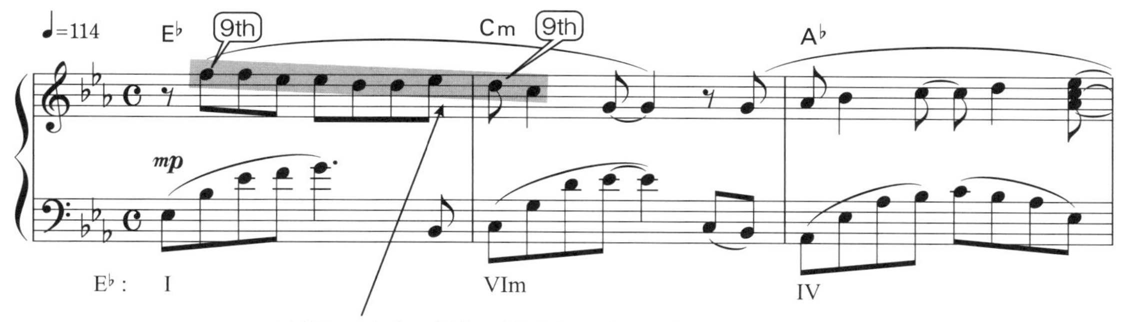

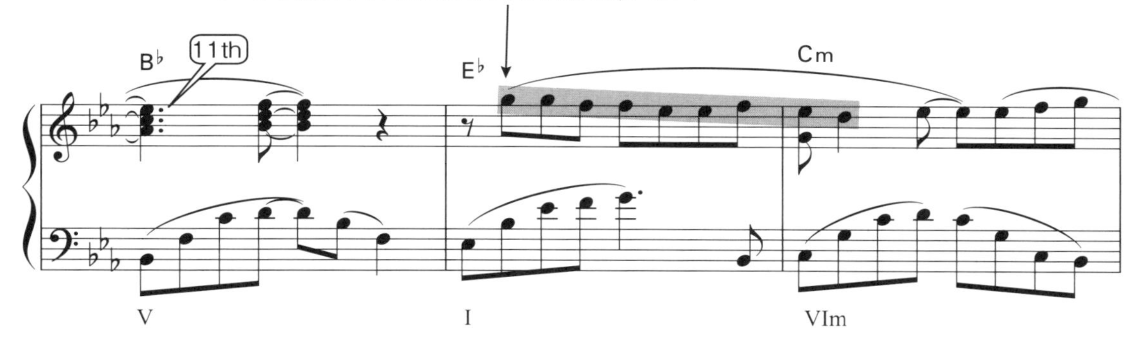

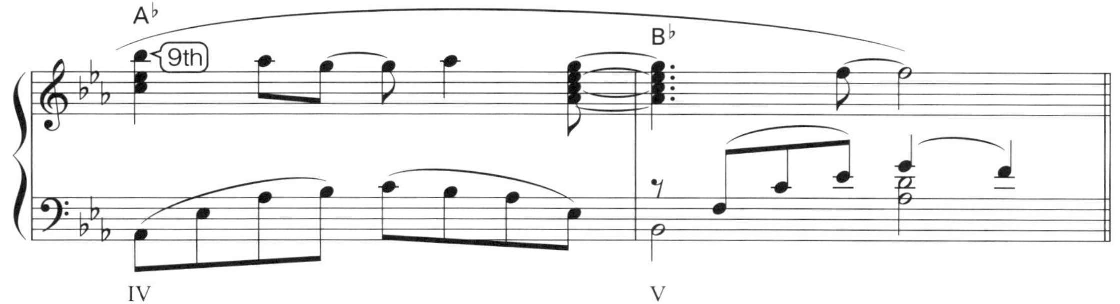

✱ 解説

「I − VIm − IIm − V」は主にジャズ・スタンダードに見られるコード進行で、ポップスでは IIm よりも主要なサブドミナント・コードである「**IV**」を使うことが多いようです。「IIm − V」というコード進行の推進力がとても強いので、日本らしいメロディが生まれづらいのかもしれません。

メロディは「**ノン・コードトーン**」をうまく活用して（1・2・4・7 小節）、**コードと融合し過ぎない**方が日本らしいポップさを出せるでしょう。その他の特徴としては、**同音連打と順次進行**を一緒に使用しています。また、1 小節目と 5 小節目で、同じコード上に異なるメロディ（移高された）が付けられている点にも注目してください。

循環進行２

音源あり

使用スケール Eメジャー・スケール＋ブルー・ノート

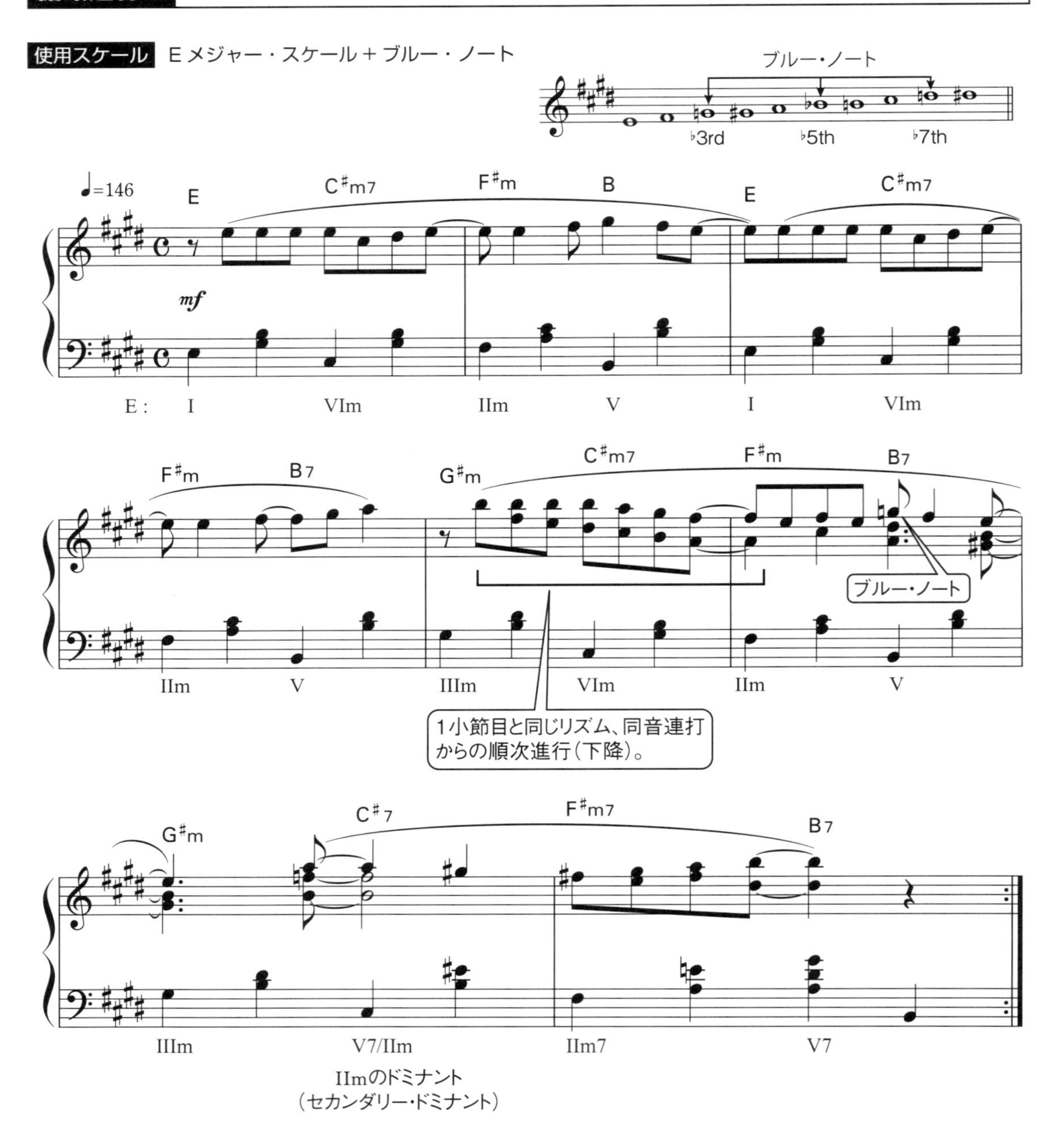

＊解説

Eメジャー・キーの循環進行です。こちらの譜例ではコードチェンジを「2拍ごと」に変更し、コミカルなアップ・テンポのアニソン（アニメ・ソングの略）、ゲーム音楽等で使用できるようにしました。

「スイング・ジャズ」のラグ・タイムのスタイルを弾くと気持ちが明るくなるのは不思議です。スコット・ジョップリンの「ジ・エンターティナー」等を参考に聴いてみてください。

コードが忙（せわ）しなく動くので、メロディは**「同音連打」**のスタイルをベースに作っています。後半は**「順次進行・下降型」**のフレーズも混ぜながら、6小節目には相性のいいブルー・ノートを入れて、雰囲気を盛り上げています。

Section 2-3

Ⅰから始める～平行進行
(Ⅰ－Ⅱm－Ⅲm－Ⅳ、Ⅰ－Ⅱm－Ⅲm－Ⅵm)

♪参考曲

- 素敵なホリデイ／竹内まりや
- 赤いスイートピー／松田聖子
- 魔法のコトバ／スピッツ
- SAY YES ／ CHAGE and ASKA
- シンデレラボーイ／ Saucy Dog
- 誰かの願いが叶うころ／宇多田ヒカル（IIIm → I の第一転回形）
- One Love ／嵐（イントロ）
- すてきなホリデイ／竹内まりや

…etc.

平行進行 1　あなたの眠る海へ　作曲：彦坂恭人　音源あり

使用スケール　E メジャー・スケール

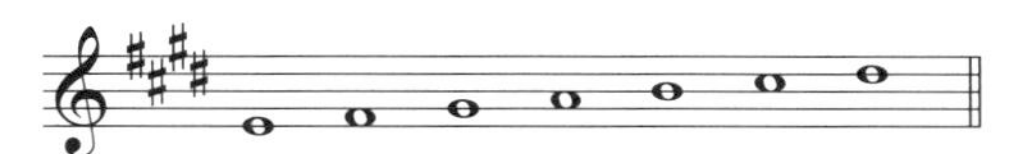

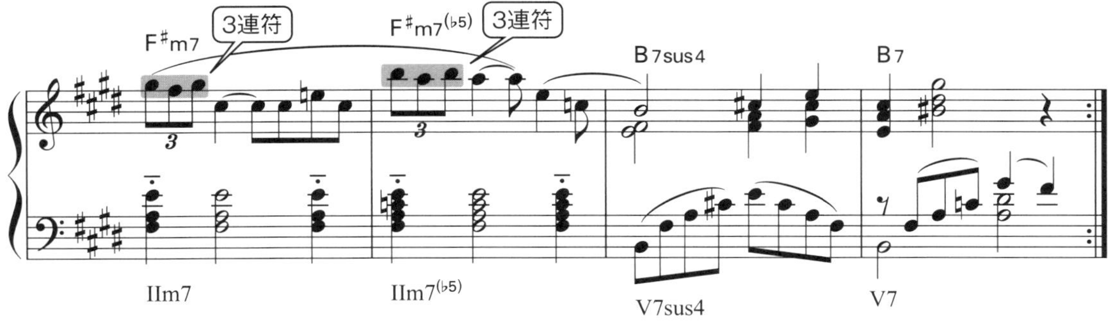

＊解説

E メジャー・キーの「I － IIm － IIIm － VI7」という進行で、VI7 は IV の変形でセカンダリー・ドミンナントです。ピアノ・アレンジとしての響きを美しくするために、歌のメロディを「1 オクターブ」上げてあるので、コードとメロディのみでオクターブ下げて弾いてみると音域の関係も分かると思います。

メロディは、アタマに「**3 連符**」を使って他の音符とは異なるリズムを与えており、これだけでも単調さを回避できます。

平行進行 2

音源あり

使用スケール　A メジャー・スケール

＊解説

アップ・テンポで平行進行させると、かなり疾走感が出るのが分かります。

メロディも「**同型反復**」しており、まるで「次のステージ」に向かっているような気分を起こさせるのではないでしょうか。

後半はノン・コード・トーンである「9th」のメロディから始まり、**シンコペーションの位置も変化をさせている**のを確認してください。

最後の 2 小節はクライマックスでもある一方、これまでの疾走に**ブレーキを掛けるメロディ**（16 分音符→ 8 分音符→ 4 分音符以上）となっています。

Section 2-4

Ⅰから始める～クラシカルな進行

(Ⅰ－Ⅳ－Ⅴ－Ⅰ、Ⅰ－Ⅳ－Ⅴ－Ⅵm)

「クラシックの進行はポップスに使えないのでは？」と思われる方もいるかもしれませんが、歌はあくまでもメロディやリズムが中心です。

クラシカルな「清純さ、爽やかさ」を持ちながらもポップな印象を与える楽曲を作る際に、敢えて意表を突くという手はとても面白いと思います。

作曲の練習としても適しており、基礎的な和声の上にどうすれば「キャッチーなメロディ」を乗せられるのか試行錯誤をしてみるのも良いのではないでしょうか。

♪参考曲

- アイラブユー／ back number
- 水平線／ back number
- 君はメロディー／ AKB48
- 最高到達点／ SEKAI NO OWARI
- 白い恋人達／桑田佳祐（Ⅰ－Ⅱm－Ⅴ－Ⅰで機能的には同じ）
- WINDING ROAD ／絢香×コブクロ
- もしもピアノが弾けたなら／西田敏行
- HERO ／ Mr.Children
- だから僕は音楽を辞めた／ヨルシカ
- KISS ME ／氷室京介
- アイノカタチ／ MISIA feat.HIDE(GReeeen)
- それを愛と呼ぶなら／ Uru
- おもかげ色の空／かぐや姫

…etc.

クラシカルな進行 1

音源あり

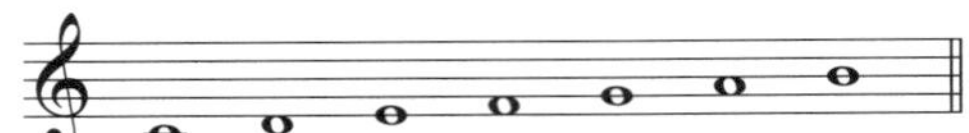

※メロディは1オクターブ上げています。
キー:Cメジャー（Aメロの出だしのイメージ）

＊解説

前半の４小節と後半の４小節が全く同じコード進行です。

メロディは統一感を出す為に「**リズムが全く同じ（同音連打型）**」になっていて、このような場合は「**音の高さ**」を変えることにより印象を少しずつ動かしていくと良いでしょう。

歌ものの場合はこれに「歌詞」や「歌声」が乗ってくるので、用途にもよりますが丁度良いボリューム感になります。

その他の工夫としては、２～３、６～７小節でそれぞれ「**特徴的なシンコペーション**」が見られます。敢えて拍節をボカすことによって、ゆったりした雰囲気を作り出しています。

クラシカルな進行２

音源あり

使用スケール Ｆメジャー・スケール

＊解説

３～４小節目にかけては、メロディが「**Cメジャー（５度上の属調）」を意識している**」のが分かるでしょうか？この部分を「ファ」で終わるようなメロディにすると曲が後半に繋がりにくくなる為、このように「旋律線」でトニックを逸らすのも一つの手です。

この進行はストレートに作るとクラシックな曲調になりやすいので、後半はサブドミナント・マイナー（６小節目のB♭m）を挿入し、色彩を豊かにしています。また、７小節目では「a→a'」とメロディを縮小させ、フレーズに終始感を出しています。

Section 2-5

音源

IV から始める～ポップパンク進行 (IV － I － V － VIm)

今や日本を代表するアーティストである米津玄師がよく使っている進行です。「4156（IV － I － V － VIm）」を並べ替えた「1564」、「6415」等も使われます。最後が VIm なので、IV から始まっているのにも関わらず、どこか哀愁を感じさせるコード進行といえるでしょう。

和声学や一般的なコード理論を学んだ方（私も含めて）にとって、この進行が非常に難しく感じるのは、いわゆる「循環的」な進行を拒否しているからでしょう。「1456」であれば普通ですが、そのアタマの二つを入れ替えただけで、「4－1－5」と全てが非機能的なベースの完全４度下行型の進行になるのです。

そこで、分析としてアーティスト達のコードとメロディの開始音の関係性を探る為、次の楽曲もいくつか聴いて参考になさってみてください。

♪参考曲

- 花 -Mémento-Mori- ／ Mr.Children
- まちがいさがし／菅田将暉（B メロ）
- BLUE BIRD ／浜崎あゆみ
- アイネクライネ／米津玄師
- Lemon ／米津玄師
- ただ君に晴れ／ヨルシカ
- ブルーベリー・ナイツ／マカロニえんぴつ
- トリセツ／西野カナ　…etc.

▼ ポップパンク進行とマイナー・ペンタトニックの秘密

ポップパンク進行の元ネタの一つに The Beatles（ビートルズ）の「Let it be（I － V － VIm － IV）」があり、最後の IV からスタートすると「IV － I － V － VIm」になります。I から始まるクラシカルな雰囲気とは異なり、独特の浮遊感や最後の VIm が醸し出す寂寥（せきりょう）感が日本人のセンスに合っているのでしょう。

さらに、この進行を愛用する米津玄師や優里、等が作り出す世界観の秘密を紐解くと「マイナー・ペンタトニック」のメロディが浮かび上がります。西洋的な進行にアフリカのマイナー・ペンタトニックを合わせたブルースと同様、彼らの音楽には「日本的な美学」が感じられます。具体的なメロディの構造を見てみましょう。

◆ 譜例 1　**ホリゾンタルのトニック（キー C で Am ペンタをキープする）**　音源あり

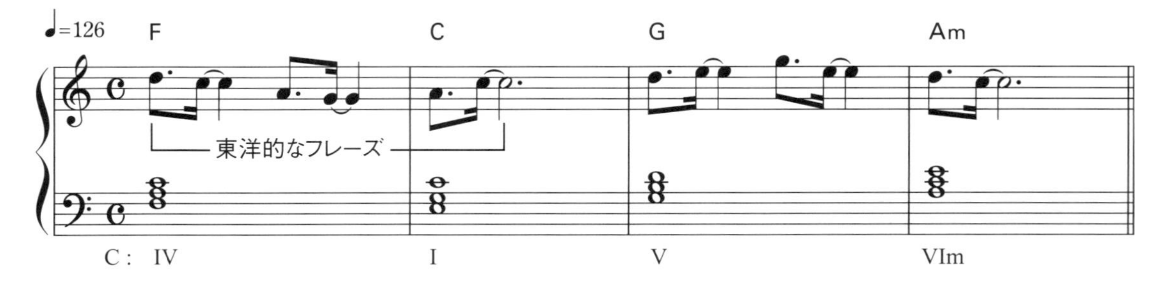

メロディの軸音としてラが一番強いのはもちろんですが、四度上のレの音も鍵を握っており、「レ・ミ・ソ・ラ・ド」と並べると 3rd を持たない為、実に東洋的なメロディを作れます。まるで、日本古謡「かごめかごめ」、「あんたがたどこさ」、「うさぎうさぎ（何見て跳ねる）」等が持つ、懐かしさ・日本らしさ（和の心）が、西洋的なコードの上で飛び回っているようです。

ポップパンク進行 1

音源あり

使用スケール G メジャー・ペンタ中心

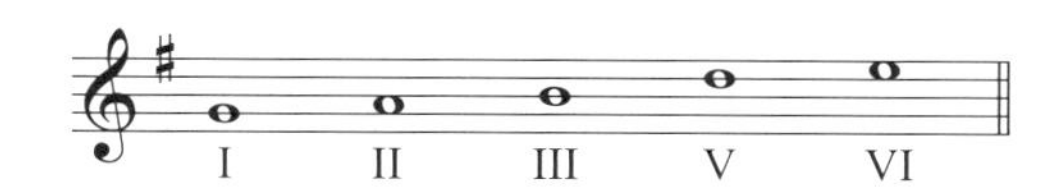

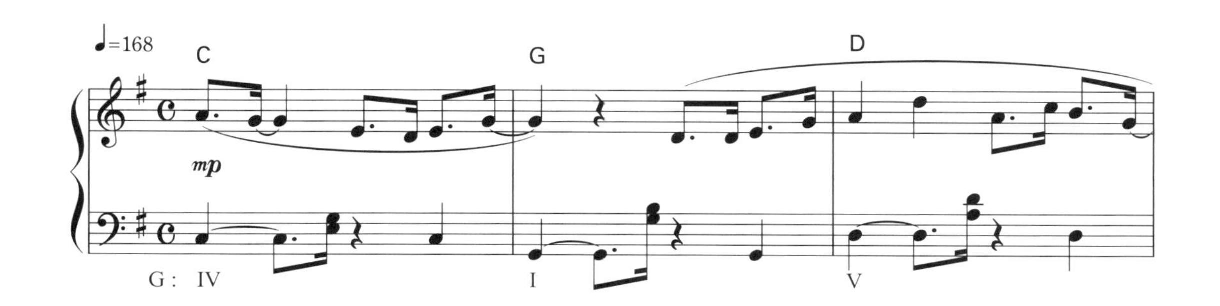

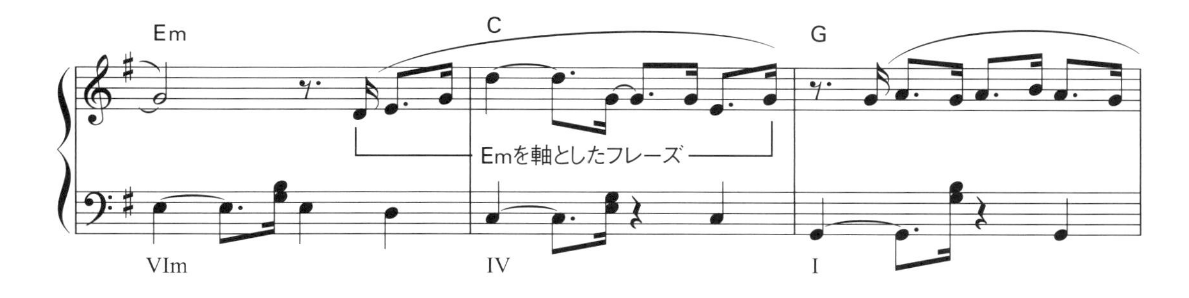

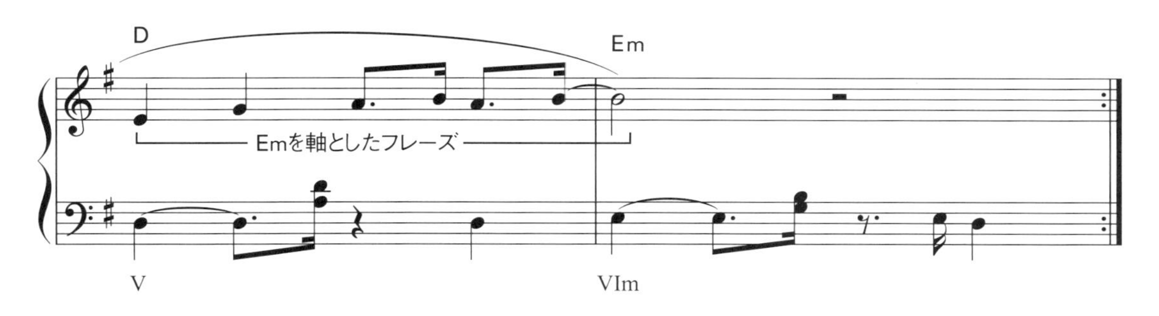

＊解説

G メジャー・キーで「ソ・ラ・シ・レ・ミ」という G メジャー・ペンタを中心にフレージングしています。ブルースと似ている部分は、コードに左右されずに「ペンタトニックを貫く」という点です。もちろん、実作では自由に書いて良いのですが、最初は練習の為にも「**ペンタトニックの軸**」を大きくはみ出さ無いように作るのをオススメします。

平行調である E マイナーを感じさせるフレーズを混ぜていくことも「ポップさ」を演出するコツです。

ポップパンク進行 2

音源あり

＊解説

単純なペンタトニックを避けて、「**ファ・ソ・ラ・ド・レ・ミ**」という音階（**ヘキサトニック**）が主体になっています。ヘキサ（ヘクサ）は6という意味で、Fメジャー・ペンタである「ファ・ソ・ラ・ド・レ」に、第VII音である「ミ」が足されたものです。第IV音の「シ♭」は入りません。

コード進行に「緊張と緩和」があるように、メロディや音階にも「**安定と不安定**」があり、主音と半音関係にある音が増えるほど調性は不安定になります。しかし、それを上手く使えばスパイスとして機能します。

6小節目が切り返しになっており、アタマにやや長めの休符がある点にも注目してみてください。

Section 2-6

IVから始める〜平行・下降進行
(IV − IIIm − IIm − I、IV − IIIm − IIm − V)

♪参考曲

- Lovin' You/ミニー・リパートン
- ガラス越しに消えた夏/鈴木雅之
- アイデア/星野源
- らいおんハート/SMAP
- キラキラ/aiko
- 言葉にできない/小田和正
- 世界が終わるまでは…/WANDS
- 行かないで/玉置浩二(途中にVを挟む)
- 115万キロのフィルム/Official髭男dism
- Forever Friends/竹内まりや
- PIECE OF A DREAM/CHEMISTRY

…etc.

平行・下降進行 1 それぞれの人生 作詞・作曲:彦坂恭人 音源あり

使用スケール Gメジャー・スケール

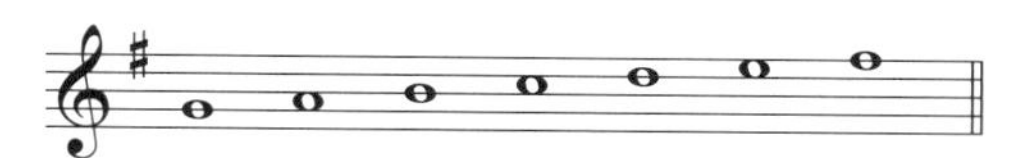

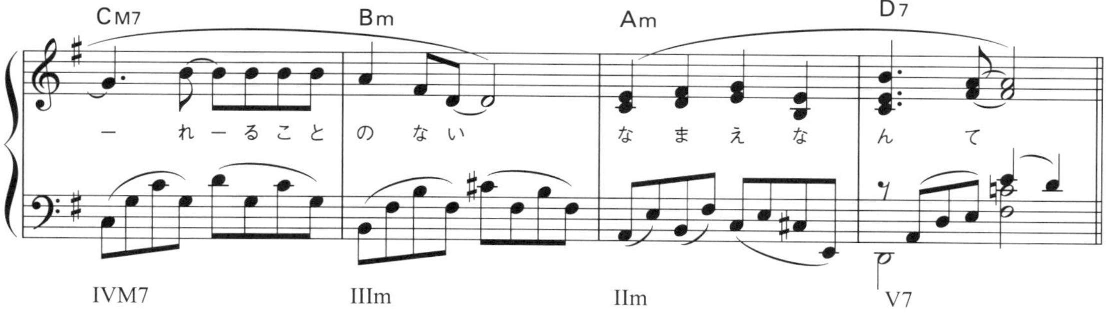

✱解説

Gメジャー・キーの楽曲ですが、全体的にはモーダル(旋法的)な雰囲気が漂っています。

サビの前半4小節がカノン進行で、後半が「IV − IIIm − IIm − V」という下降型の平行進行です。また、メロディの中心がGのコードの**シ**(3rd)の音にあたる為、不安定になり過ぎない、程良い距離感で展開しています。

平行・下降進行２ 無益な諍い 作詞・作曲：彦坂恭人 音源あり

使用スケール G メジャー・スケール

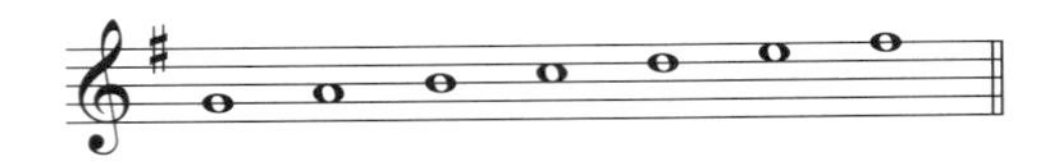

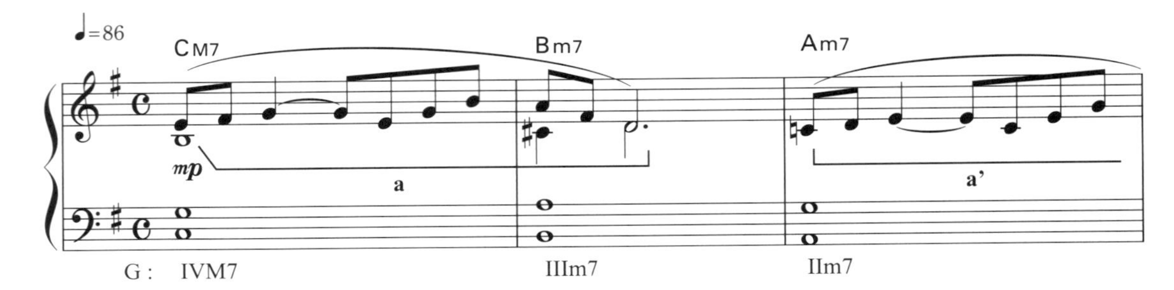

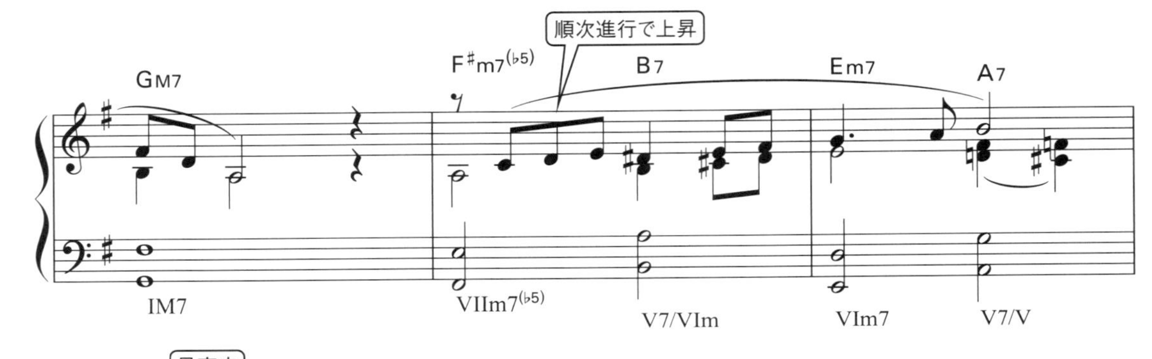

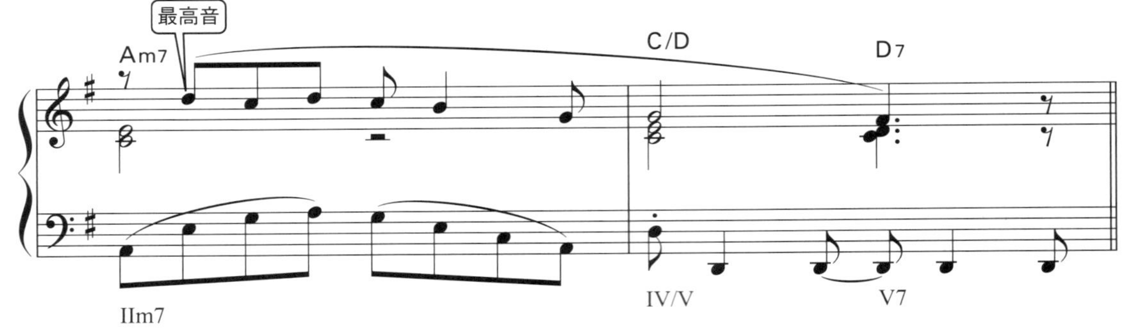

＊解説

オリジナル・キーは A ですが、音域がやや高いので、僅かに移調しました。

「IV － IIIm － IIm － I」という進行の「鎮静効果」を感じ取れる曲だと思います。オリジナルでは３小節目にドミナント（V）である D7 を入れていますが、これを除去しても印象は殆ど変わりません。

メロディは、最初の２小節のフレーズをモチーフ（a）として３～４小節目ではそのモチーフをコードに合わせています（a'）。５小節目からは、順次進行でゆっくり上昇して盛り上げていきます。

７小節目は一気に最高音「レ」に上げることにより、感情の昂り（たかぶり）を表現しています。

平行・下降進行3　キボウのカケラ　作詞・作曲：彦坂恭人　音源あり

使用スケール　Gメジャー・スケール

＊解説

Gメジャー･キーの楽曲で、Aメロの部分です。男声用の楽曲で1オクターブ上げて記譜してあります。

平行進行で下降（IVM7 － IIIm － IIm － I）するとエネルギーは沈静化に向かうので、何とかメロディはそれに抵抗して上がろうとしているのが見て取れるでしょうか。また、前半は8分音符主体のメロディが、後半は4分音符主体に変わっているのは、「切なさ」を強調する為です。大きな音価の方が「朗々」と歌い上げる感じが出せます。コード進行も前半と雰囲気を変える為、循環進行的な動きになっています。

平行・下降進行 4

音源あり

使用スケール G メジャー・スケール

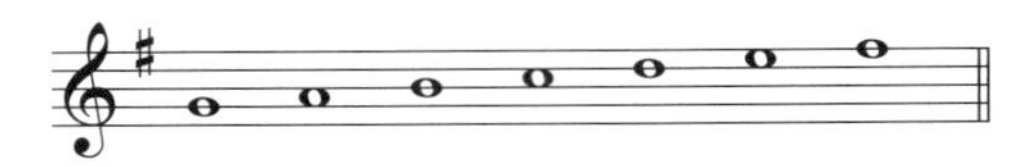

＊解説

ミディアムなバラードの A メロです。G メジャー・キーですが、IV 度始まりのため突然ストーリーを語りかけられたような感覚に囚われます。

前半は「a － a'」が同型反復になっており、細かい 16 分音符で作られています。後半は 8 分音符や 4 分音符という対比になっているので、観察してみてください。

もう一つのポイントは、5 小節目からメロディが「ド」から階段状に登っていき、7 小節目に「シ」に達していることです。**メロディが上昇すると、その音楽のボルテージも上がることが多く**、ストーリーを盛り上げる演出方法としては定番のパターンとなります。

Section 2-7

IV から始める～王道進行
(IV – V – IIIm – VIm、IV – V – I – VIm)

この進行は「**サビ**」の部分に多用されます。

IIm の逆循環進行（IIm – V – IIIm – VIm）と機能的には同じ流れを持っていますが、ベースラインが IV – V から始まり、ロック的な力強い印象を与えます。IIIm の部分を VIm のセカンダリー・ドミナントである「III7（V7/VIm）」に変更したパターンもよく見受けられます。

また、バリエーションとしては V の部分をオン・コードにして IV – V/IV – IIIm – VIm にしたり、最後の VIm をセカンダリー・ドミナントに変えて VI7（V7/IIm）にするケースも良く見かけます。

♪参考曲

- I Love…／ Official 髭男 dism
- ハッピーエンド／ back number
- 君はロックを聴かない／あいみょん
- ビューティフル／ゆず
- 怪獣の花唄／ Vaundy
- 涙のキッス／サザンオールスターズ
- 家に帰ろう（マイ・スイート・ホーム）／竹内まりや
- 祝福／ YOASOBI
- 星座になれたら／結束バンド
- Flavor Of Life ／宇多田ヒカル
- 初心 LOVE ／なにわ男子
- カゲロウ／ ONE OK ROCK
- 純愛ラプソディ／竹内まりや
- もう恋なんてしない／槇原敬之
- 君を忘れない／松山千春
- 二人セゾン／欅坂 46
- 三原色／ YOASOBI
- この夜を止めてよ／ JUJU

…etc.

王道進行 1 音源あり

使用スケール Fメジャー・スケール

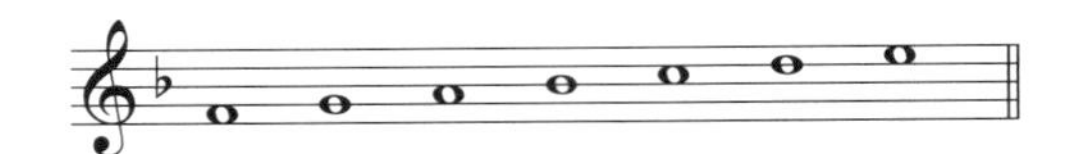

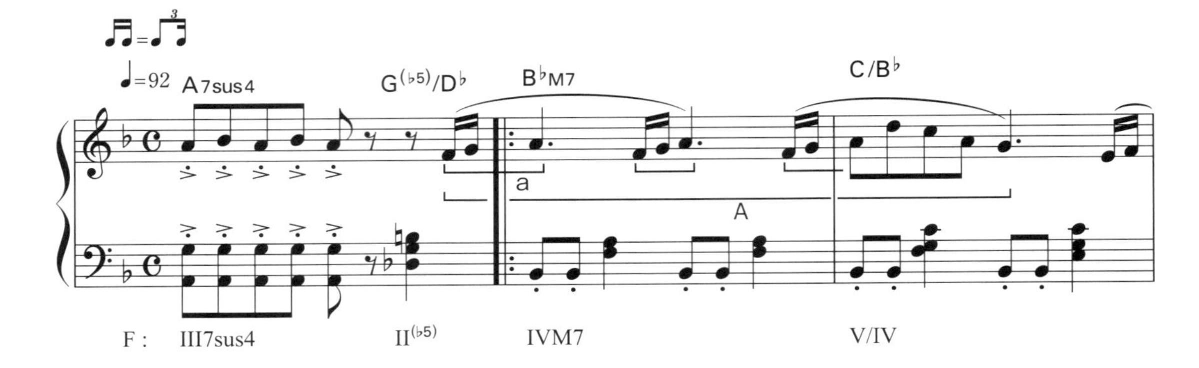

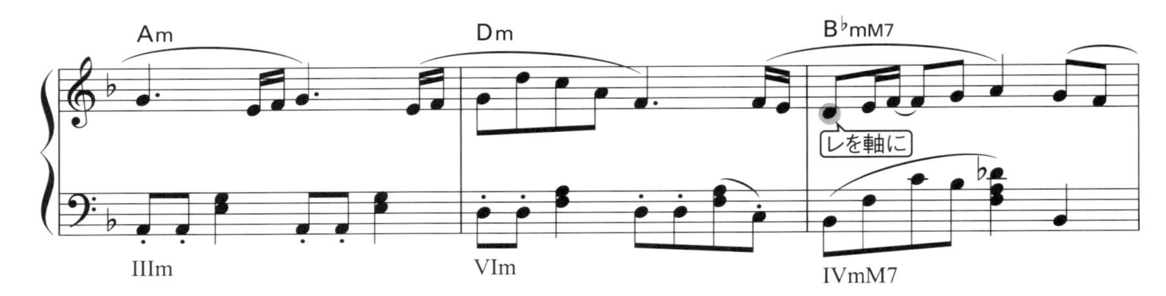

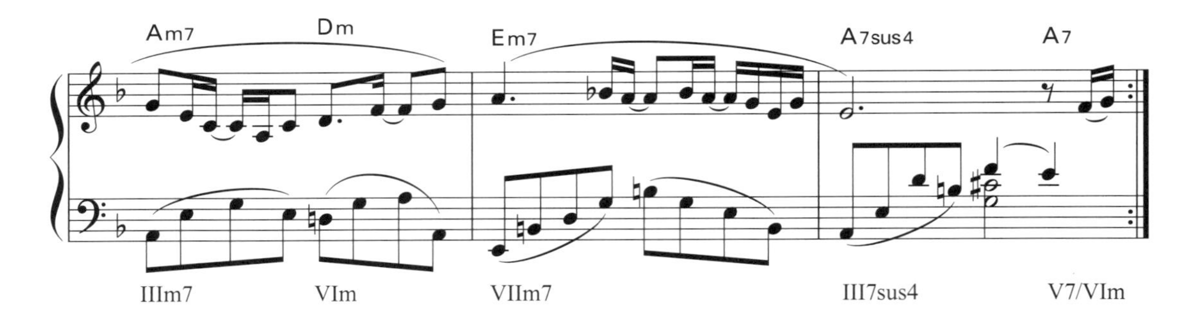

＊解説

キーはＦメジャー（Ｄマイナー）で、「**上昇×順次進行**」で作られたメロディの例です。

１小節目の終わりからのメロディ【a】は、シンプルながらも16ビートのシャッフルを繰り返すことでグルーヴを作り出し、２小節のモチーフ【A】に発展しています。

３小節目のコード C7（V）については、オン・コードにして C/B♭（V/IV）の形で使うと浮遊感をキープしたまま曲を前進させることができるので、適宜使ってみてください。

後半のメロデイは、前半との対比で平行調の「レ」を軸としたものになっており、「和風」のテイストを感じさせます。

王道進行 2　Get Ride!!　作詞・作曲：彦坂恭人　音源あり

＊解説

キーは D マイナー（F メジャー）で、「サビ」の部分を抽出しました。この譜例は、往年のロボット・アニメ（ガンダム・マクロス・ヤッターマン・イデオン）をイメージして作られた楽曲で、ノリやキメも分かりやすいものだと思います。「**4 分音符のリズムとシンコペーションを伴った 8 分音符**」のコンビネーションのメリハリに注目してください。前半のフレーズには「ラ・レ・ラ」、「ソ・ド・ソ」という同型反復が見られます。

昭和の時代はアニメソングというと専門の歌手が歌うことが多かったのですが、現代は主役の声優、メジャー・アーティストが歌うのが主流です。日本のアニメが世界的に認知され大躍進を遂げているのは嬉しさもある反面、「アニメ・ソング特有の個性」が希薄になったことに、どこか寂しさも漂います。

王道進行３　戻らぬ記憶　作曲：彦坂恭人　音源あり

＊解説

音域はピアノ用に１オクターブ上げてあります。インストと歌ものの中間くらいのイメージで作られており、歌謡性は少し弱いと言えますが、ドラマやアニメ、ゲームのワンシーン等を想像してみると丁度良いでしょう。

前半は完全５度上行がモチーフになっており、後半は順次進行に変わる為、心境の変化を映し出すかのようです。また、３拍子の曲の中で、符点４分音符＋８分音符（a）のメロディが主軸になっていて、裏拍に当たる８分音符が良いスパイスになってリズムに抑揚が出ています。

４拍子と違って３拍子のメロディは慣れない方がいるかもしれませんが、是非トライしてみてください。

Section 2-8

IIm から始める～逆循環進行 (IIm − V − IIIm − VIm)

不安定な IIm（IIm7）から始まるのは、シナリオや小説で喩えれば「起承転結」の承や転から始まるのと同様です。聴き手に構えさせず、作品の世界に誘（いざな）ってしまう力を持った進行ともいえます。

日本のポップスにおいても、息の長いアーティストの作品によく見受けられる印象があります。

逆循環進行について

逆循環進行（IIm − V − IIIm − VIm）の原型、「IIm − V − I − VIm」も同じ流れを持っており、ポップスではどちらも使われています。セクションでいうと「**B**」の部分にも向いているので、重宝します。また、**ベースの５度進行**により、エッジの利いた「**ジャズのようなお洒落さ**」を演出できます。

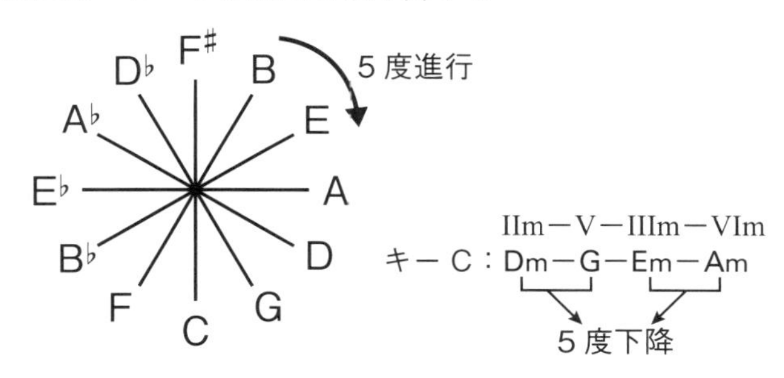

調性の動きとしては「IV − V − IIIm − VIm（王道進行）」とも似通っていますが、こちらの方が平行進行のロック・テイストが強いです。

♪参考曲

- **プラスティック・ラブ／竹内まりや**
- **エソラ／ Mr.Children**
- **君がいるだけで／米米 CLUB**
- **いっそ セレナーデ／井上陽水**
- **『いちご白書』をもう一度／バンバン**
- **初恋／村下孝蔵**
- **いつまでも変わらぬ愛を／織田哲郎**
- **真夏の Sounds good ！／ AKB48**
- **波乗りジョニー／桑田佳祐**
- **気づいたら片想い／乃木坂 46**
- **ブルー／渡辺真知子**
- **風立ちぬ／松田聖子**
- **歩いて帰ろう／斉藤和義**

…etc.

逆循環進行 1　アルテミスの歌　作詞・作曲：彦坂恭人　音源あり

使用スケール　E♭ メジャー・スケール
（C ナチュラル・マイナー）

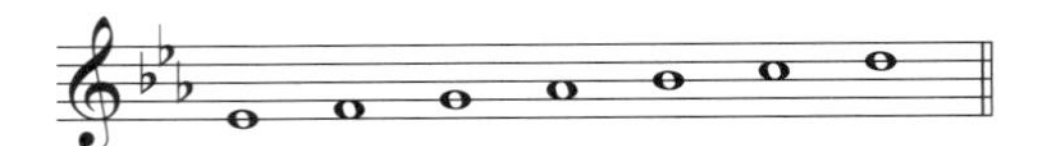

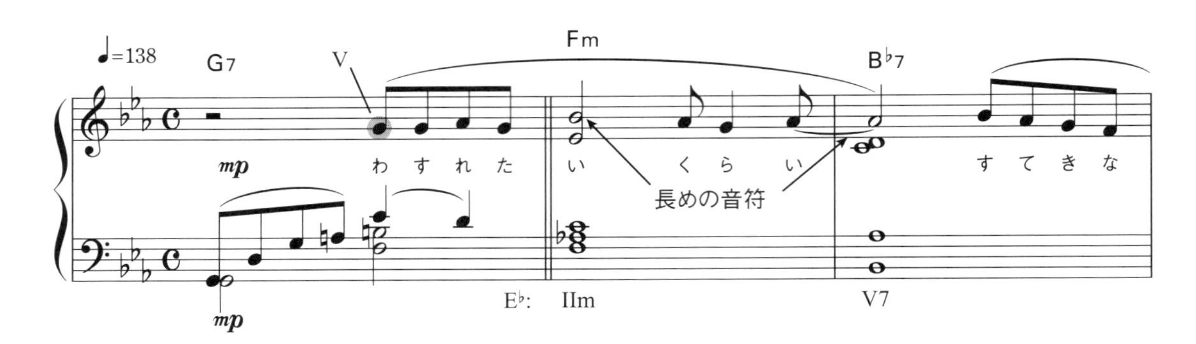

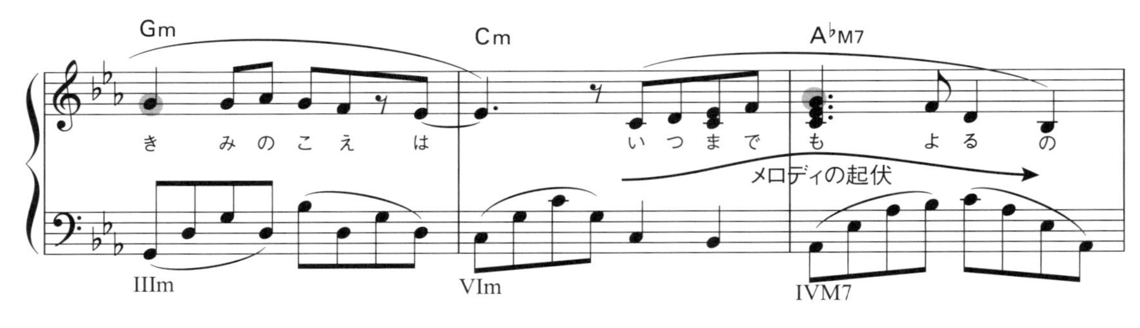

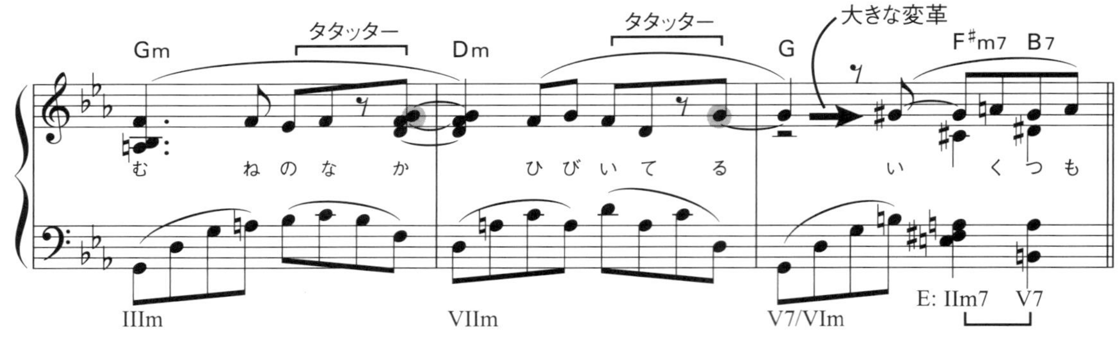

＊解説

Cm キー（E♭）の曲で、この譜例は B メロから抜粋しました。

前半、長めの音符のメロディから入っているのは、A メロからの場面転換のために少し「停滞感」を出しています。

後半 4 小節はサビに向けて、フレーズの「**上り下り（起伏）**」や「**タタッター**」という畳みかけのリズムで盛り上げに掛かるという流れになっています。

メロディは C マイナーの V 度である「ソ」が大きな軸になっていて、楽曲を支配しています。それがサビ（最後の小節）で「ソ♯」に上がることで、「大きな変革（場面転換）」を感じることでしょう。

逆循環進行 2　index　作詞・作曲：彦坂恭人　音源あり

使用スケール　E♭メジャー・スケール
（C ナチュラル・マイナー）

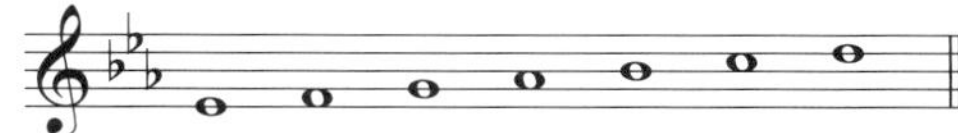

✱解説

B メロの部分の抜粋です。前半は、E♭キーのⅤ（属音）である「B♭」を強く打ち出したメロディで、後半が平行調の「C マイナー・キー」と移っています。コード進行の浮遊感が強いので、メロディを「**中心音（※）が分かりやすい形**」にした方がバランスが取れると思います。a･a' の部分は「光と闇（歌詞）」を強調するために、ほぼ同じメロディを繰り返している点にも注目してみましょう。

※キーにおいてのトニック、主音。また、スケールやフレーズで中心になる音。

逆循環進行 3 恋のエントリー 作詞・作曲：彦坂恭人 音源あり

使用スケール Cメジャー・スケール

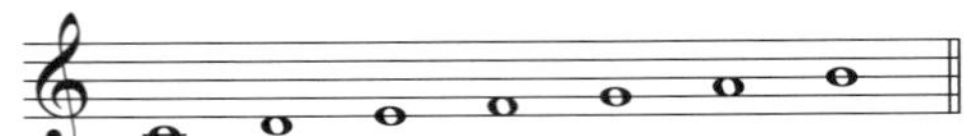

＊解説

サビの部分に「逆循環進行」を使用した例です。前半は2小節単位のフレーズで、後半は1小節の畳みかけになっています。6小節目以降はスケール外の音が頻繁に出てきており、心の不安定さを表していると言えるでしょう。

全体的に**下降型の順次進行**になっているので、盛り上げることが重要なサビにしてはトリッキー（奇策）だといえます。しかし、これだけ大量にポップスが氾濫しているので、少しでも他と違うことをしたいと考えるのが作曲家の悲しい性（さが）かもしれません。

ポップスの作曲は、「不安や不満」を解消せる流れを如何に作り出すかにかかっています。ずっと「安定」した音楽では、感動を生み出すことは難しいのです。

逆循環進行 4　怠惰の皇女　作曲：彦坂恭人　音源あり

使用スケール　G メジャー・スケール

＊解説

メロディは楽器向けに、1 オクターブ上げてあります。比較的口数が少なくインストゥルメンタル向きのメロディですが、アニメの挿入歌等の「場面音楽」には向いています。

少し上がっては伸ばすというメロディの動きは、「もどかしさ」のようなものを感じさせると同時に、のんびりした余裕も表しているようです。2 〜 5 小節目にかけて蓄えられたエネルギーを 6 小節目で一気に放出するイメージが伝わるでしょうか？

クラシックとポップス、コード進行の違い

クラシックにおける「機能和声理論（バークリー・メソッドを含む)」は、概ねI・IV・V度の主要和音の並べ方が決まっています。トニックの機能でいえば、I→VImは有り得ても、VIm→Iは禁止されており、V→IImという進行も有り得ません。

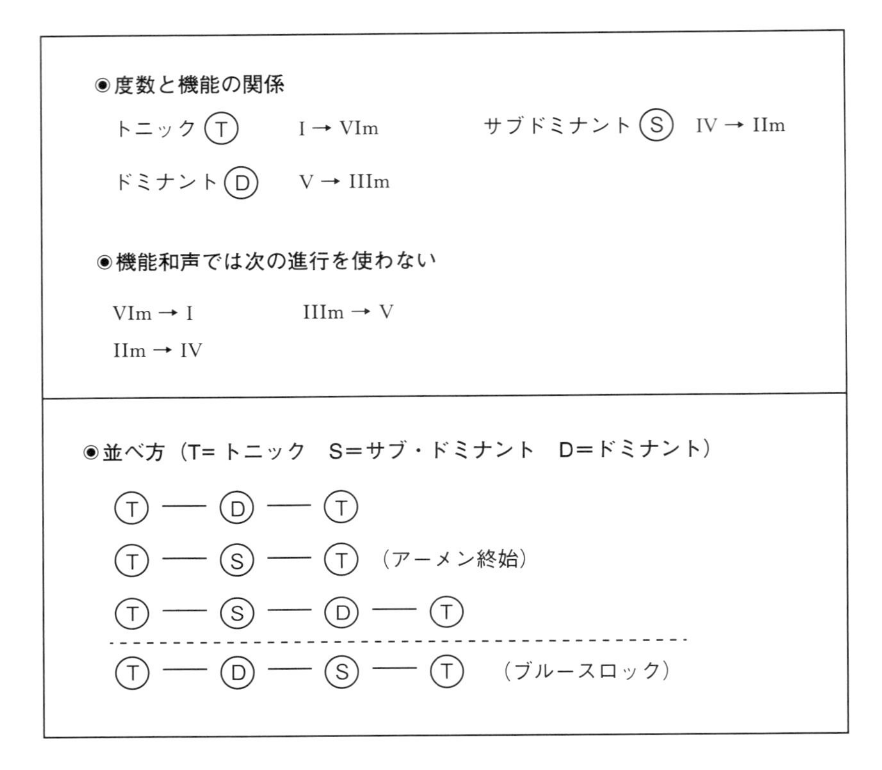

今、書きたい音楽がクラシックではない場合、自分には関係ないと思うかも知れませんが、それは早計です。なぜなら、ポップスの源流はロックやブルース（こちらは非白人音楽と言い換えても良い）という「西洋音楽（クラシック)」へのカウンターカルチャーにあり、クラシックを知ってこそ「ポップスはどうあるべきか？」が分かってくるのです。

そのコツを簡単に言うと、クラシックでの禁則（ダメ）を積極的に試すことです。例えば、「VIm－IV－V－IIIm」や「IIm－VIm－I－V」等の進行は、クラシック音楽（主に古典派）ではまず見当たりません。しかし、実際に弾くと全く違和感を覚えない人が多いと思います。なぜなら、これらの動きは旋法音楽（モード）や民謡に通じるからです。

様式・理論として確立した「西洋の機能和声」は一つの指標に過ぎず、絶対視して守り抜くようなものではありません。

もちろん、西洋人にとっては非常に身近で大きな存在である「キリスト教」の存在がこの機能和声の成り立ちと大きな関係があるため、単なる「理論」として軽視するのではなく、歴史との関係性を学ぶことがとても大切です。

Section 2-9

VIm から始める～小室風進行 (VIm － IV － V － I、VIm － IIm － V － I)

平成期を代表するプロデューサー小室哲哉氏の名前が冠された有名なコード進行です。また、それを継承するかのように現代を代表するアーティスト、米津玄師もよく使用しています。日本的な哀愁が普遍性の秘密なのでしょうか。

I － IV － V － I という西洋和声的な進行の代表の冒頭を VIm（代理コード）に変えるだけで、ここまで「日本的な風味」が出てくるのは驚きです。

▼ トニックは C（I）か Am（VIm）から選べる

少し難しい話になりますが、私は「調性の原理」を次のようにイメージしています。

ペンタトニック（安定）→トライトーン（不安定）→ペンタトニック（安定）

ペンタトニックは安定のシンボルですが、物語は安定のみでは退屈です。そこで、中心が揺らぐ均等分割（トライトーンやディミニッシュ）の領域に冒険し、また戻ることでダイナミズム（躍動）を生み出すのです。

この際、最初のペンタトニックの部分で「**I を使う**」のが西洋和声の原則ですが、小室風進行は「**VIm を冒頭に配置している**」ところが、とても面白いと思います。安定にもまた「陰陽」のグラデーションがあるかのようです。

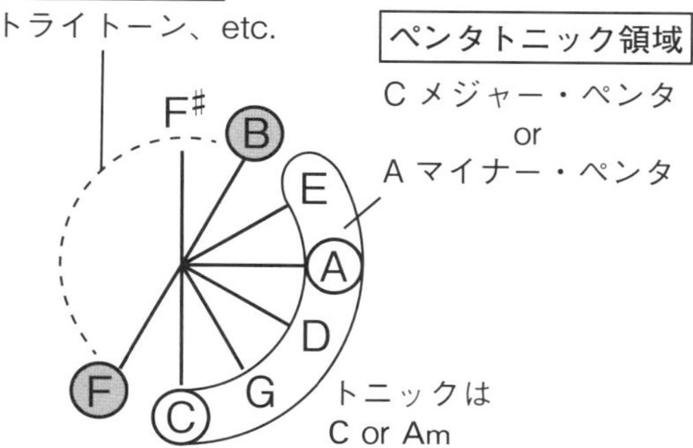

♪参考曲

- 馬と鹿／米津玄師
- タペストリー／ Snow Man
- 月を見ていた／米津玄師
- 春よ、来い／松任谷由実
- 真夏の夜の夢／松任谷由実
- 残響散歌／ Aimer
- さよならの今日に／あいみょん
- 言葉にできない／小田和正
- フライングゲット／ AKB48
- 夏が来る／大黒摩季
- 花に亡霊／ヨルシカ
- 炎／ LiSA
- 異邦人／久保田早紀
- あー夏休み／ TUBE
- インフルエンサー／乃木坂 46
- すき／香西かおり
- サイレントマジョリティー／欅坂 46
- 掌／ Mr.Children
- W/X/Y ／ Tani Yuuki
- WOW WAR TONIGHT ～時には起こせよムーヴメント～／ H Jungle with t

…etc.

小室風進行 1　愛は闇の中に　作詞・作曲：彦坂恭人　音源あり

使用スケール　B♭ナチュラル・マイナー・スケール
（D♭メジャー・スケール）

✱ 解説

アップ・テンポの楽曲の「サビ」の部分を想定しています。その為、音域も高めでアニソンやアイドルであれば最高音域である「Hi D」近くまで達しています。

最初のメロディの７度の跳躍は、音程差も大きいので歌う場合はピッチをしっかりとれる必要がありますが、フレーズの中で部分的に使えればアクセントにもなります。

また、１・５・６・８小節のそれぞれに、非常に多くの「**倚音**（いおん）」が使われています。

楽曲分析としては、本来B♭mキーで行なう方が理論的には正しいのですが、ポップスの分析の場合は「定点観測」で、全てメジャー・キー（この曲だとD♭）として扱う方が、分類しやすいでしょう。

小室風進行 2

音源あり

B♭ メジャー・スケール

✱解説

16 ビート主体のリズムで、歯切れの良さを出した A メロ向きのメロディです。休符やタイ（シンコペーション）が加わるとリズムのバリエーションが増えるので、参考にしてみてください。

小室風進行の良いところは、アタマのコードが VIm で調性の中心が最初から「陰（マイナー）」の側にあるため、**メジャー・スケールで普通にメロディを書いてもカッコよくなる点**です。あまり、コード・スケールに囚われず、「B♭」で自然に作ってみると良いでしょう。最後の小節のメロディも「シ♭・ラ・シ♭」と B♭ メジャーの分かりやすいフレーズですが、コードが E♭ になっているので浮遊感のある終止になっています。

Section 2-10

VIm から始める～平行進行・下降型
(VIm － V － IV － I、VIm － V － IV － IIIm)

この進行に「俗称」はありませんが、渋いところでは見られます。

VIm から順次下降していくので非常にモーダルで、機能和声にはない「**ロック**」な魅力があります。平行進行はギターのポジショニングにも通じるものがあるのですね。

♪参考曲

- Lemon ／米津玄師
- まちがいさがし／菅田将暉
- クリスマスソング／ back number ※ B メロ
- 炎／ LiSA
- 奇跡の地球(ほし)／桑田佳祐＆ Mr.Children
- チェリー／スピッツ
- 紅蓮華／ LiSA
- ごめんね、SUMMER ／ SKE48（V の代理 IIIm に）
- CAT'S EYE ／杏里（最後は III7）
- Love Song 探して／牧野アンナ（最後は III7）
- タペストリー／ Snow Man
- TOMORROW ／岡本真夜
- モナリザの微笑／ザ・タイガース

…etc.

平行進行・下降型 1

音源あり

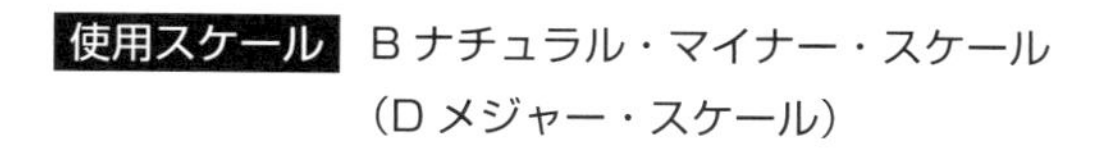

使用スケール B ナチュラル・マイナー・スケール
(D メジャー・スケール)

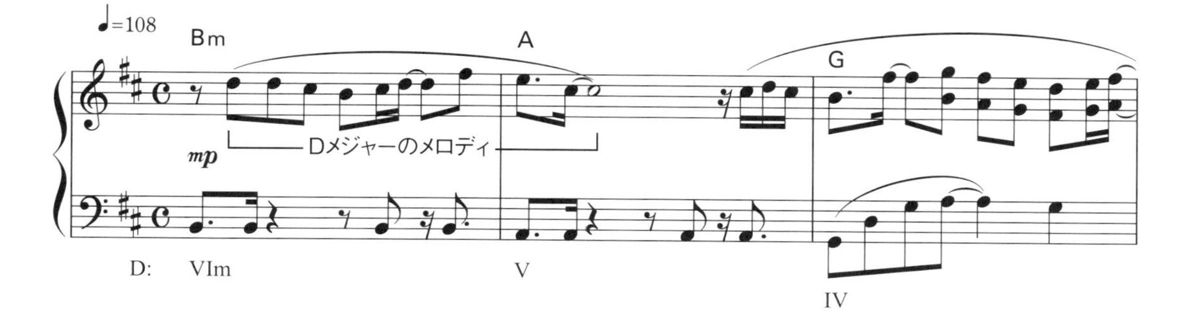

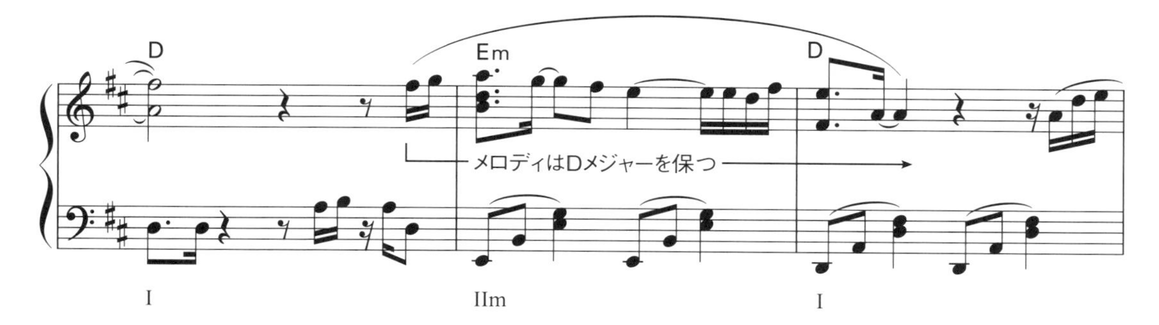

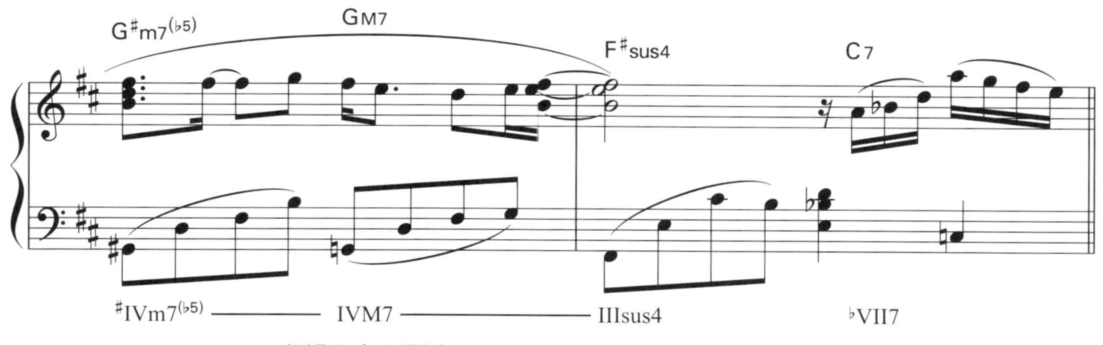

経過和音の用例

✱解説

「VIm － V － IV － I」という進行は、機能和声理論とは逆行する動きを持っているので、旋法的であり、ポップに響きます。ただし、B マイナーのメロディを書くと単なる暗い曲になる危険性もあるため、**できるだけ明るくなるように**心掛けましょう。メロディがハーモニーを中和するくらいで丁度良いです。この場合は、「D メジャー」が中心になるようなメロディを書くとバランスが良くなるでしょう。

後半は「IIm － I － ♯IVm(♭5) － IV － III7 － ♭VII7」というセカンダリー・ドミナント【III7(V7/VIm)】や裏コード (♭VII7) を混ぜた変則的な進行ですが、メロディは「D メジャー」を保つようにしています。

平行進行・下降型 2

音源あり

＊解説

こちらも「Gマイナー」とも取れる曲ですが、B♭メジャーの「VI度（VIm）」に聴こえるようにするにはどうすればよいか？と考えていきます。

その代表的な手法としては、「**ホリゾンタル（旋律）トニックをB♭に持っていく**」ことでしょう。トニックをメジャーにキープしつつ、コード進行は「マイナー側」に向いていると独特のバランスが生まれてポップになります。

歌謡曲や演歌、そして反対側のクラシックに寄せ過ぎずポップにするには、バランス感覚が求められます。

4小節の構成について考えてみよう

感覚で曲を作れる人にとっても、マンネリ化や作風での行き詰まりの悩みはついて回るものです。そんな時は、「**冷静に曲の構造を分析する**」とヒントに繋がる場合があります。

ここでは、機能和声をベースにしながらも、どうポップスに変換するかを少しだけ考察してみます。先述した、おとぎ話「浦島太郎」であなたがシナリオを描くとしたら、必ず冒頭から浦島太郎を出すでしょうか？「竜宮城のシーン」、または「玉手箱を開けてしまって老化した浦島太郎」を冒頭に持ってきても面白いはずです。

作曲でも同じように、「**冒頭から描く正統派**」と「**場面を入れ替えた変則的なもの**」の両方が使えれば、表現の幅は一気に広がります。

正統派の進行と変則的な進行

変則的な進行を作るのに必要なのは、「**省略（カット）**」です。作曲を志して理論を真面目に勉強している時は気付きもしませんが、実際の楽曲は形式だけでは作れないのです。楽曲で「人の心を動かす」というポップスの難しさはここにあるとも言えますが…。

◉正統派の進行

1. T−D−T
2. T−S−D−T
3. T−S−T
4. T−D−S−T（ロック的な非機能進行ですが、ここでは仲間に加えます）

T → I・VIm・（IIImを含むこともある）
S → IV・IIm
D → V・IIIm

変則的な進行を作るには、「**正統派の進行の冒頭のトニックを省略**」します。

これらの中で、とくによく使われるのは「S 始まり」です。

クラシックでは、「D」で始まるものも多く見られますが、ポップスでは少数派です。

王道進行（S − D)、逆循環進行（S − D)、ポップ・パンク進行（S − T）等、代表的なものを次ページの譜例で確認してみましょう。

◉変則的な進行

1. D−T
2. S−D−T（S−Dのみでも可）
3. S−T
4. D−S−T

◆譜例 1　サブドミナント始まりの４小節フレーズの例

Ｉ度で始まる音楽と異なり、浮遊感や臨場感があるⅣ度始まりをクラシック音楽の分野で始めたのが、フランスの印象・象徴主義の作曲家（ラヴェル・ドビュッシー・サティ等）です。また、旋法和声を活かした作品を遺した彼らから学び、さらに民族的な要素を入れたストラヴィンスキーやショスタコーヴィチ、バルトーク等の作品は、現在のポップスの要素も持っていたりします。

▼サブドミナント始まりから曲を収束させる

サブドミナント始まりの進行から曲を収束させえる方法も確認しましょう。前述の「浦島太郎」の場面をディグリーで例えました。

浦島太郎（Ⅰ）→亀を助ける（Ⅳ）→竜宮城へ行く（Ⅴ）→玉手箱を開けて老化する（Ⅵm）

冒頭をカットする訳ですから、終わりがバッド･エンド（救われない終わり方）になってしまいますね？そこで、曲を収束させる為に「**Ⅰを最後尾**」に持ってくるのです。そうすると「やっぱり夢でした（夢オチ）」という明るい展開にもなります。

◆譜例 2　サブドミナント始まりからⅠで曲を収束させる

メロディがＣメジャー・ペンタトニックのような外観をしているのに、浮遊感のあるフレーズになっています。これは「**フレーズの中心をレ**」に設定してある為です。

これを試しに、付いているコード・トーン通りのフレーズ（例えばファ・ド|ソ・レ|ラ・ミ|ド・ソ等）にしてみると違いが分かると思います。

ペンタトニックだけでも開始音が５通りあるので、色々と組み合わせを試すとその奥深さに気付かれることでしょう。

Section 2-11

その他の進行

この項では、これまでに扱わなかったIIImの用例や一風変わったコード進行、モーダルなアイデアについて見ていきましょう。

IIImの使い方

例えばCメジャー・キーにおいてIIImはEmです。

IIImは、I度（C）の四和音形態CM7（ド・ミ・ソ・シ）の3rd・5th・M7thに当たる音なので、トニック的性格を持つコードと捉えるのが一般的です。実際にIの代理として習うことも多いと思います。しかし、Amキーから見ると「**EmはV度（ドミナント）の位置**」にあり、エオリアやドリア等の旋法的な世界（中世ヨーロッパ等）では当たり前のように使われていました。

ポップスにおいては、古典和声的（Iの代理）ではなく「**旋法的な用法（Amから見るとV）**」を優先した方が上手く行く可能性が高いといえます。なぜなら、そちらの方が中世の様式に合っているからです。

クラシカルでポップというのも有り得ますが、あくまでもポップスは大衆的でありギター優位で始まった音楽ですから、機能和声のルールをそのまま適応すること自体に無理があるのです。

次に、IIImをドミナントのように見立てた進行でメロディを作ってみましょう。

エオリアン進行（VIm − IIIm − IV − I）

♪参考曲

- チェリー／スピッツ
- キセキ／Greeeen
- 蝶々結び／Aimer
- アウフヘーベン／Mrs. Green Apple
- 月光／鬼束ちひろ
- 晴る／ヨルシカ
- だから僕は音楽を辞めた／ヨルシカ
- Teenager Forever／King Gnu
- 勇者／YOASOBI
- ごめんね、SUMMER／SKE48

…etc.

エオリアン進行 　音源あり

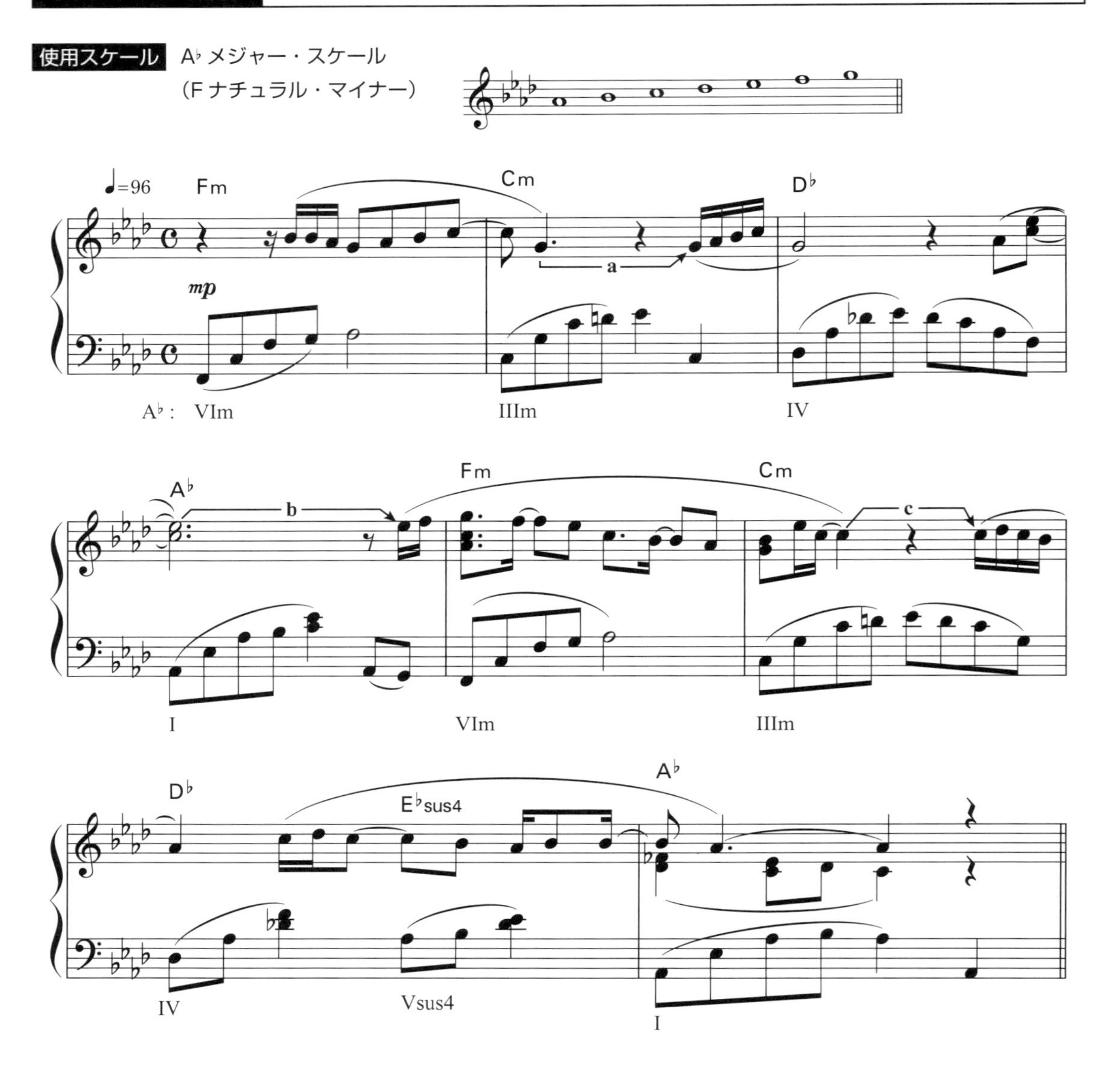

✱解説

この譜例は、8 小節で完結するタイプの A メロになるように作ってあります。

エオリアンの重要な特徴はドミナント（V）が存在しない点で、IIIm がそれと同様の役割をしてはいますが、決して古典的な短調の終止【B♭m（IVm）－ C7（V7）－ Fm（I）】はしません。

メロディにおける特徴は、「しりとり」です。前のフレーズの「終わりの音」を引き継ぐ形でフレーズを作っていくことで、「ストーリーの進行」を表すことができます（a → b → c）。

私がメロディを作る際は実際に声に出してみたり（フレーズの呼吸／実際の息継ぎの間隔を取るため）、過去の音楽経験が元になってフレーズが浮かびますが、どうしても浮かばない場合はシステマチックに作るのも良いと思います。

例えば、始めの2小節について言えばFm（ファ・ラ♭・ド）とCm（ド・ミ♭・ソ）は出だしの組み合わせだけでも10通り以上あります（上・下の組み合わせもあるため）。その骨格の中で、どう音を紡いでいくのかを試してみると、メロディの「中心音」に敏感になってくるはずです。

◆譜例1　1小節目と2小節目の開始音の組み合わせの例

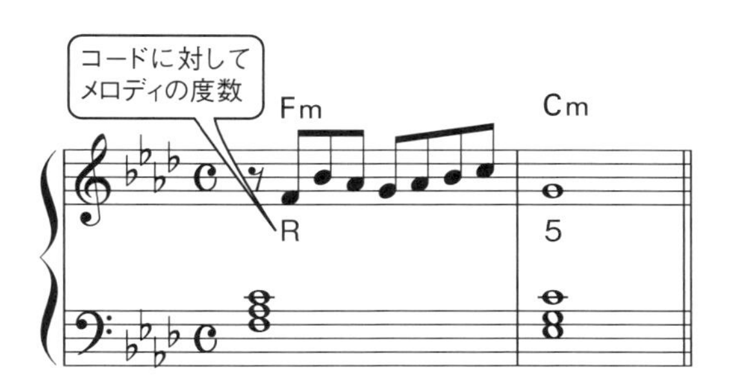

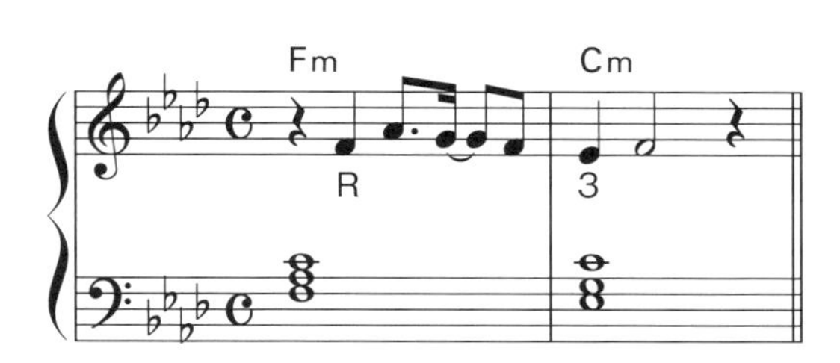

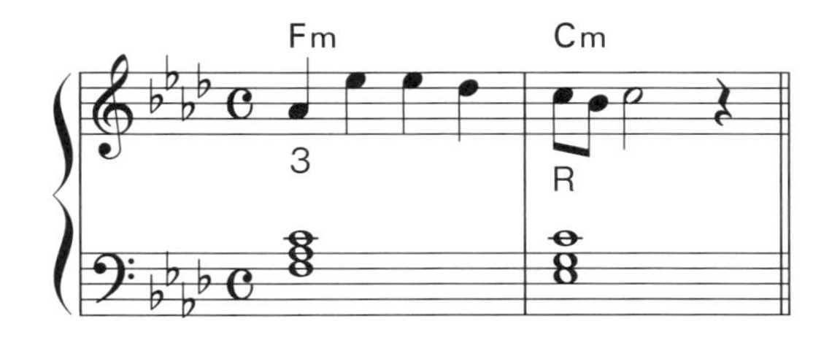

テンポやジャンルはある程度できてからで構いませんので、まずは音を繋げてみましょう。歌ものであれば、音域や歌詞（適当な言葉でOK）を付けながら作ってみましょう。

まだお話を終わらせたくない場合の「**継続フレーズ**」と、ここで締めなくてはという「**最後のフレーズ**」は全く異なるはずです。

機能逆行進行（VIm－I－IIm－IV）

機能和声様式において、トニックはIまたはVImです。そして、この二つを並べる際は「**I→VImと並べる**」のが原則です。倍音の性質から見てもこれは妥当な規則ですが、実際に作曲をする際は「原則」や「様式」を絶対視する必要はありません。寧ろ、日本人がそこまで西洋和声に固執する必要性はなく、いかに日本特有の歌い回しをメロディに込められるかを追求していくことが大切です。

この機能逆行進行は、音楽理論を真面目に学んだ人ほど苦労するかもしれません。私も、聴いた時に目から（耳から？）鱗が落ちる思いでしたので、是非メロディ・メイクに取り組んで欲しいと思います。

♪参考曲

「LOSER」米津玄師　…etc.

機能逆行進行

音源あり

使用スケール Eナチュラル・マイナー・スケール

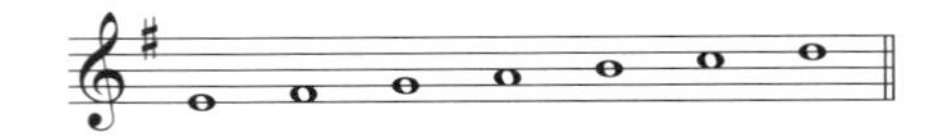

＊解説

マイナー・コードから平行のメジャー・コード（長調）に動くためか、負けても負けても立ち上がるというイメージにピッタリの響きになっています。しかし、調性の流れとしてはかなり流しにくいのは確かで、クラシック的に音階（スケール）やコード分散で乗り切るのも難しいです。

コード進行ではなく、メロディによって盛り上げるにはどうすれば良いか考えて作ることが大切だと身に染みる例です。

ホリゾンタル（ヨコ）の軸は飽くまでもEマイナー・ペンタに置きながら、「**属音（V）のシ（B）**」の方に重心を移して行き、最後にまた「**ミに戻す**」イメージで書いてみましょう。

メジャー（長調）の曲に♭VIや♭VII（エオリアン由来）を使ってみよう

エンディングのキメで使われることが多い「♭VI－♭VII－I」は、RPG（ゲーム）の戦闘後の「勝利のテーマ」としても有名です。

この響きは旋法（モード）由来のもので、ロック系のポップスとは相性が良いと思います。機能和声や一般的な音楽理論は、G7→C（トライ・トーンの解決）やG→C（五度進行）を基本としていますが、旋法の世界は「平行進行」も厭(いと)いませんし、寧ろ、それを当たり前として扱います。

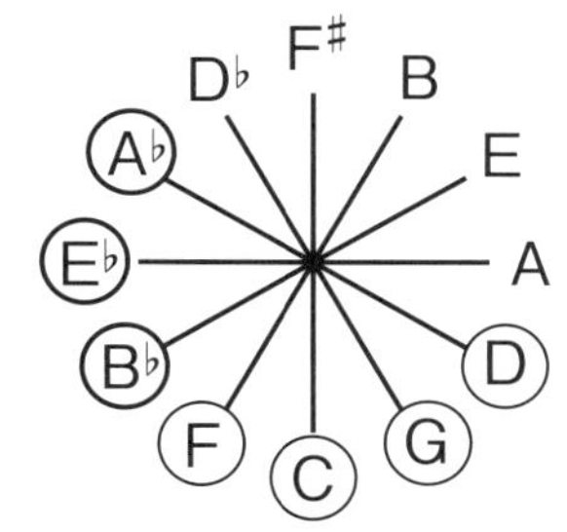

◉旋法的な動き・同主短調（パラレル・マイナー）からの解決

①C－A♭－B♭－C
②C－B♭－C
③C－A♭－C（サブドミナント・マイナー・ケーデンス（C－Fm－C）の応用）
Fm（IVm）の部分を、平行長調であるA♭（♭VI）に変換した特殊な用法で、三度近親調を利用した進行、またはモーダルな進行と言えるでしょう。
映画音楽やゲーム音楽に多く見られるダイナミックな終止です。

◉キーCにおいて、Cマイナーの♭VIと♭VIIを使う

キー							
キー C	C (I)	Dm (IIm)	Em (IIIm)	F (IV)	G (V)	Am (VIm)	Bm(♭5) (VIIm(♭5))
キー Cm	Cm (Im)	Dm(♭5) (IIm(♭5))	E♭ (♭III)	Fm (IVm)	Gm (Vm)	A♭ (♭VI)	B♭ (♭VII)

♪参考曲

- 白い恋人達／桑田佳祐
- 怪獣のサイズ／ back number
- 花火／ aiko
- ピースサイン／米津玄師
- ロマンスの神様／広瀬香美
- 私の夏／森高千里
- One more time, One more chance ／山崎まさよし
- Cry Baby ／ Official髭男dism
- 君の知らない物語／ supercell
- PIECE OF A DREAM ／ CHEMISTRY
- only my railgun ／ fripSide

…etc.

◆譜例2　♭VIや♭VII（エオリアン由来）を使った例　音源あり

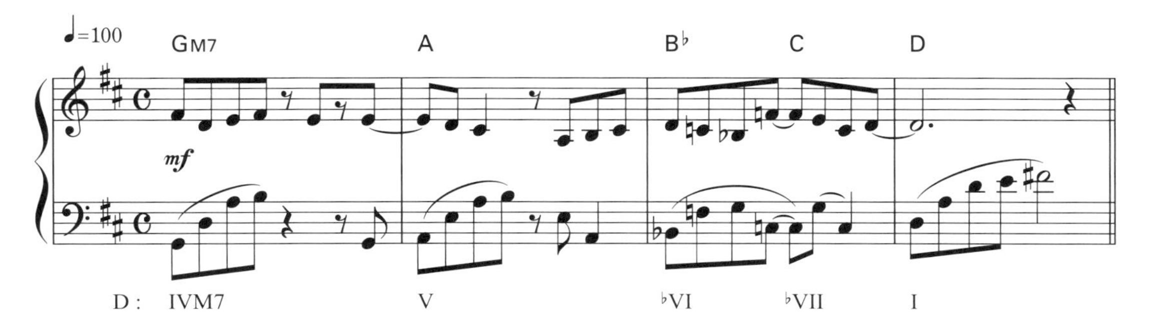

楽曲の最後の部分を想定しています。

IV－Vと平行和音でエオリアン終止に突入していくことで、疾走感が得られます。3小節目は「B♭リディアン・スケール」になっていて、前後関係の帳尻が合うようにフレーズを作る必要がありますが、同主短調のDマイナー・ペンタ（レ・ファ・ソ・ラ・ド）で、トニックの「D」を保つように意識して作ると良いでしょう（B♭・Cは元々Dマイナー・キーのダイアトニック・コードのため）。

◆譜例3　♭VIIのみを使った例　音源あり

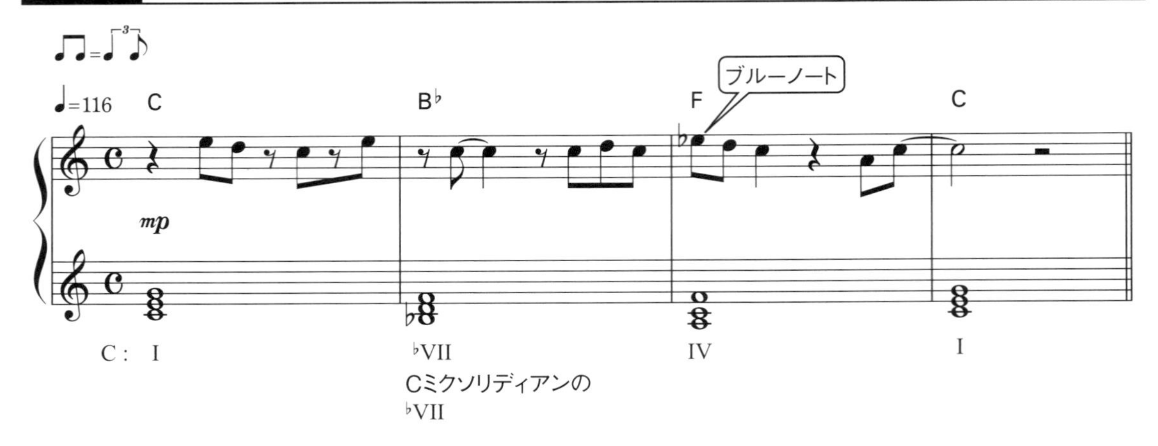

楽曲の出だしの部分、最後にも使えるフレーズです。この譜例は♭VIは使用せず、単独で♭VIIのみを使ってみました。

2小節目のB♭は機能和声的に分析するとサブドミナントに近い役割をしていますが、旋法の「**Cミクソリディアン**（ド・レ・ミ・ファ・ソ・ラ・シ♭)」へのモード・チェンジと捉えた方が正確です。浮遊感や不安定を演出するのは、ドミナントだけではないことを知っておくと便利だと思います。また、3小節目のE♭はブルー・ノートです。

旋律の反復（シークエンス）を使おう

旋律の反復については既に前のページで書かれていますが、重要なところなので再度確認しましょう。ポップスに限らず、音楽は多かれ少なかれ「**フレーズの繰り返し**」が行われますが、耳に残るフレーズを意図的に続けることで良い意味での「**中毒性**」が生まれます。人々の心を動かす「**キラーフレーズ**」をあなたも作れるかもしれません。

♪参考曲

- **うっせえわ**／ado
- **チョコレイト・ディスコ**／Perfume
- **祝福**／YOASOBI
- **ロマンスの神様／広瀬香美（※大サビ）**
- **すてきなホリデイ／竹内まりや**
- **エソラ**／Mr.Children
- **真夏の果実／サザンオールスターズ**
- **ボーイフレンド**／aiko
- **ドライフラワー／優里**
- **時の流れに身をまかせ／テレサ・テン**
- **中央フリーウェイ／荒井由実**
- September／**竹内まりや**
- Everything／**嵐**

…etc.

ここでは、和声的なゼケンツ（反復進行※）ではなく「旋律的な繰り返し」や「同型反復」を指しています。但し、型は「完全一致」でなくても構いません。

※あるフレーズを同じ型のまま、音の高さを変えながら反復させること。

旋律の反復 1

音源あり

※メロディは1オクターブ上げてあります。

【a.1】と**【a.2】**は、「**2度上がって2度下がる**」という動きを反復しています（長・短の区別はこだわらなくて構いません）。反復は「**音程だけではなくリズムも含まれる**」ので、揃えられるところを揃えると統一感が出て音楽に説得力が増します。

同じフレーズを繰り返すことが「創造的ではない」と感じる方も結構いますが、それは大きな誤りです。なぜなら聴き手は大抵、新曲を1回しか聴きません。余程、好きなアーティストや超有名な作曲家の作品なら話は別ですが、通常は15秒も聴いてもらえれば「御の字」です。歌ものに限らず、できるだけ反復を活用して聴き手の耳に残るようなフレーズ作りを心掛けてください。

旋律の反復 2　夜の魔法にかけられて　作曲：彦坂恭人　音源あり

使用スケール　D♭ メジャー・スケール

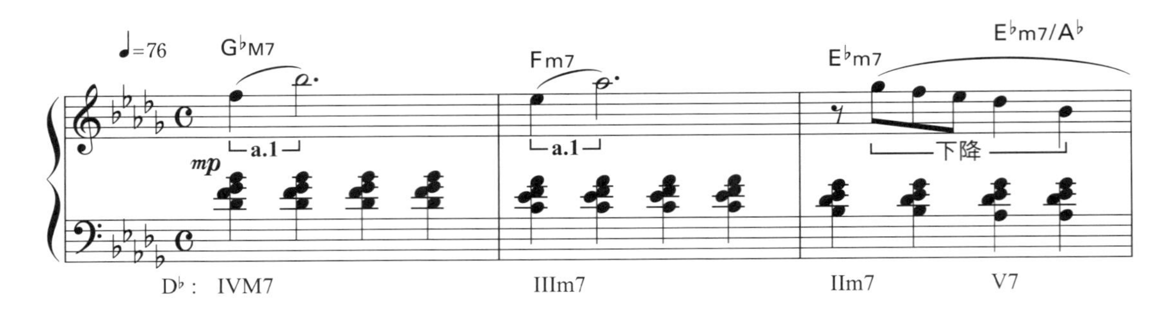

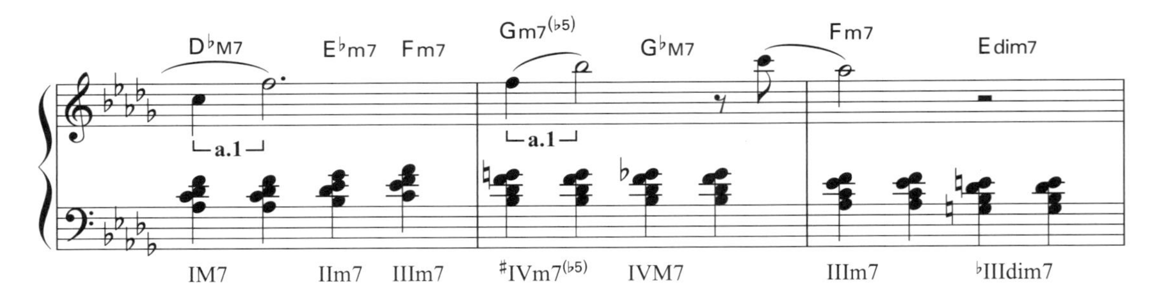

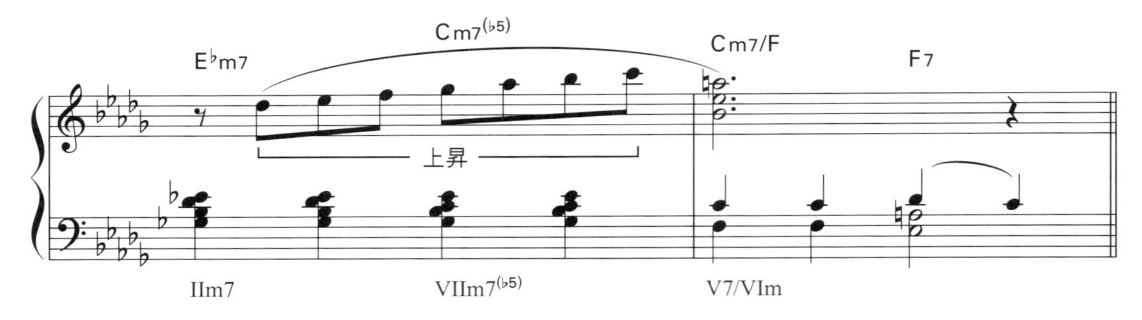

※歌の場合は1オクターブ下げになります。

コード進行は「IV － IIIm － IIm － I」の平行〜下降進行にも当てはまります。

【a.1】のメロディ（完全４度上行）は繰り返しを使用されており、8 小節中の半分を占めていますので、印象に残るメロディとしては十分です。

この曲は、前半と後半（1 〜 4、5 〜 8 小節）で見ると対比になっています。前半、3 小節目の順次進行の音階的なメロディが下降していますが、後半の 7 小節目は上昇しています。また、【a.1】以外のリズムも統一感を得られるように作られています。

音符の数が少ないメロディは、まるで点描画のようであり、可愛らしさ・幻想的・印象派の絵画の雰囲気を演出するのに向いているので、是非試してみてください。

第3章

メロディからアレンジに発展させよう

Section 3-1

メロディにコードを付けてみよう 1

本書は「メロディ作り」に焦点を当てていますが、ポップスにおいても「コード」や「ハーモニー」との関係は無視できません。これは、言語コミュニケーションやシナリオ作りにおいても同様で、文節がおかしくなくても繋げてみると意味が伝わらない（文脈がおかしい）ことが起こるのです。

前掲の「浦島太郎」の四段落ちのシナリオも、アレンジをしすぎて次のように並べると何の話だか分かりません。

玉手箱　→　亀　→　竜宮城　→　浦島太郎の登場

各章を単体で見たら意味は通じるのにも関わらずです。もう一つ例をあげてみます。

私は　昼休みに　食堂で　ご飯を　食べました

上記の短文を「コード進行」だと思ってください。これを以下のように編集してみました。

食べました　昼休みに　ご飯を　私は　食堂で

意味は一応伝わりますが、「この人は一体何を言おうとしているのだろう？」という別の興味（疑念）が湧いてきます。つまり、理論的に完璧なコード付けを求めるのではなく、

自然に繋がるかどうか？
意味がスムーズに伝わるかどうか？

という「本来の役割を忘れてはならない」ことを教えてくれる例だと思います。その先にようやく、「感動」が起きるのです。

「こうすれば正しいコード付けができる」という万能な理論は存在しませんが、作曲家がどのように「メロディとコードの関係」について考えているか、どんなことを試しているのかが少しでも皆様のヒントになれば幸いです。

メロディからコードを割り出す

次の譜例は、モーツァルトの世界的に超有名なピアノ・ソナタをデフォルメしたものです。

◆譜例 1　ピアノ・ソナタ第 15 番（原曲：W.A. モーツァルト）

慣れてしまえば即座にコード付けができますが、初めは何をしたら良いのか分からないかもしれません。そこで、大まかな指標を掲げます。

≪コード付けの手順≫

①使われている音階を見極める
②メロディが難しければ単純化する
③ハーモニック・リズム（コード付けの周期）を考える
④繋がりがおかしくないか何度も弾いて確かめる

難しいという声が聞こえて来そうですが、一緒に挑戦してみましょう。

▼ ①使われている音階を見極める

これは、できれば「**中心音**」も見つけられればベストです。また、何度も歌ってみることが大切です。

【譜例 1】ですと、最初の 2 小節で、「**ド・レ・ミ・ファ・ソ・ラ・シ**」が見えてきたはずです。
機能和声的に理論で考えると、「ド・レ・ミ・ド・ソ／シ・ド・レ・ド」という流れは、「ド・ミ・ソ」「シ・ド」という骨格を持っており、C メジャーの可能性が高いことが分かるでしょう。

後半の 2 小節は「ラ・ソ・ド」「ソ・ファ・ミ」なので、F メジャーの可能性もありますが、F メジャーであれば前半のシの音がフラットしている筈なので、やはり C メジャーが一番有力です。
ファが入っているのは、「ドミナントやサブドミナントのコードが挿入されているから」と予測が付きます。

▼ ②メロディが難しければ単純化する

メロディのリズムが難しくて歌いづらい…。こんな場合は、次のように譜面を単純化してみましょう。

◆ 譜例 2　**【譜例 1】を簡略化した譜例**

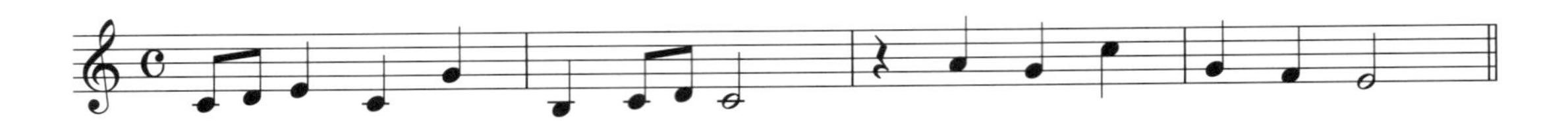

できれば「**2 分音符単位まで**」絞れると良いですが、いきなりそれは難しいですし、複雑なフレーズの場合は誤ってコード・トーンを削ってしまう可能性もあるので、一旦ここまでにしておきます。

▼ ③ハーモニック・リズム（コード付けの周期）を考える

次のステップは、どのくらいの周期（拍）でコードを付けるかです。一般的には「**1 小節に一つか二つ**」と覚えて構いませんが、どうやっても合わない箇所が出てきます。その際は、一つの基準に拘泥（こうでい）せず柔軟に対応しましょう。

因みに、たくさんコードを付ければ良いアレンジという訳ではありません。注意しましょう。

1 小節目　レは経過音なので、「ド・ミ・ソ」。→ C

2 小節目　シを M7 と捉えて C のままで行く判断も完全な誤りとは言えませんが、変化を付けても良いかもしれません。主要三和音「C・F・G」の中で考えると、「シ・レ」がコード・トーン、ドが経過音と考えます。→ G
しかし、3 拍目以降は G（ドミナント V）がそのままではおかしいので、解決するトニックの C か Am の可能性が高いです。まだ、出だしなので C にします。→ C

3 小節目　「ラ・ソ・ド」という構成音から C・Am・F、またはその組み合わせが可能性として考えられます。コードに詳しい方は、ラが G_7 のテンション（9th）と思うかもしれません。もちろん、それも試してみると良いでしょう。ここでは、まだ出てきていないサブドミナントの F を選びます。→ F

4 小節目　2 拍目のファは経過音と捉えられるので、まずは C で良いでしょう。→ C

これまでの考察を踏まえて、一旦整理してみましょう。

◆ 譜例 3　**コード付け（1）**

コードの機能的にも「T－D－T」、「T－S－T」なので、このままでも問題はありません。しかし、ポップスとしては「少しメリハリが少なく寂しいかな？」と感じることでしょう。

そこで、もう一度吟味してみると、3小節目の後半ソ・ドは「**4度の跳躍進行**」をしているので、これだけで「独立したコード」として扱えそうです。→C

次に、最後の小節も「締め」として弱いので、「G→C」にするのはどうでしょうか？最後はAmに変える手もあると思います。

◆譜例4　コード付け（2）

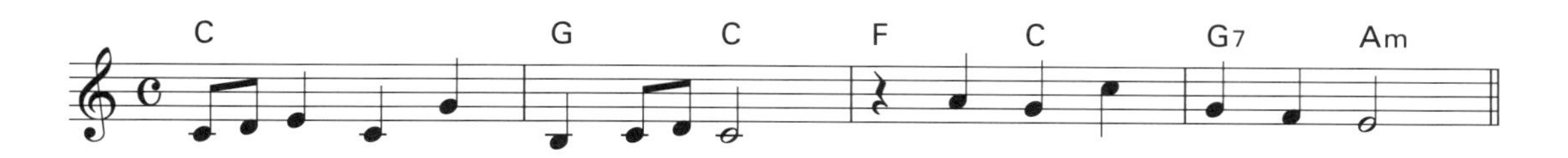

▼ ④繋がりがおかしくないか、何度も弾いて確かめる

白玉のコードで良いので何回か弾いてみましょう（オリジナルのモーツァルトの和声付けとは最後だけ異なります）。

何か物足りない、違和感があると感じた場合は何度でも弾いて確かめます。シンプルなメロディだからこそ「和声感」を養うのに向いています。

◆譜例5　コード付け（完成例）　音源あり

メロディを元に戻してシンプルに伴奏付けをしてみましたので、演奏できる場合は音にして確認してください。

クラシックの基礎訓練でコードの感覚を掴もう

作曲を教えていると、「自分がコードの感覚を掴めているか自信がない」という声をよく耳にします。この質問への「特効薬」はありませんが、私の経験上でお話させて頂くと、「コード進行は語学学習」に似ていて、同じように解釈できます。

「コードはワード（単語）と同じ」

コードやワードだけでは、会話が片言（かたこと）になります。少なくとも豊かな音楽表現をするのは難しいに違いありません。これをコード進行やハーモニー（和声）、つまり文節や文章に変えるには、「**音楽の流れを塊（かたまり）で捉える訓練**」が必要です。

クラシックの作曲の基礎訓練では「T－S－D－T」を徹底的に覚えさせられます。音楽を塊で捉える訓練としては最適ですので、ここでトライしてみましょう。教わっていた当時は、「何てつまらない無意味な時間だ」と感じたこともありましたが、今では「もっと真剣にやっていれば…」と思うことすらあります。

基本的な「和声の機能」の感覚を身に付けるのに、絶対音感や特別な才能は要りません。必要なのは、年単位で訓練を続けることです。早い方であれば、数カ月で身に付くかもしれません。

ダイアトニック・コードと基礎的な機能を確認しましょう。

◉ダイアトニック・コードと基礎的な機能

	主要三和音	副三和音
トニック（T）	I	VIm（IIIm）
サブドミナント（S）	IV	IIm
ドミナント（D）	V	IIIm（モーダル）

T−D−T
T−S−T
T−S−D−T
（T−D−S−T は例外的に使える）

T−S−D−T を C メジャーで並べると、次のようになります。

C−F−G−C（※）

※代理の副三和音は、この骨格の「付属品」という形であれば使用できます。
最後に Am が来る場合のみ、ドミナントの位置に Em を配置できます。

一般的な楽曲の段落としては 8 小節が多いので、そのまま T－S－D－T を繰り返してみましょう。

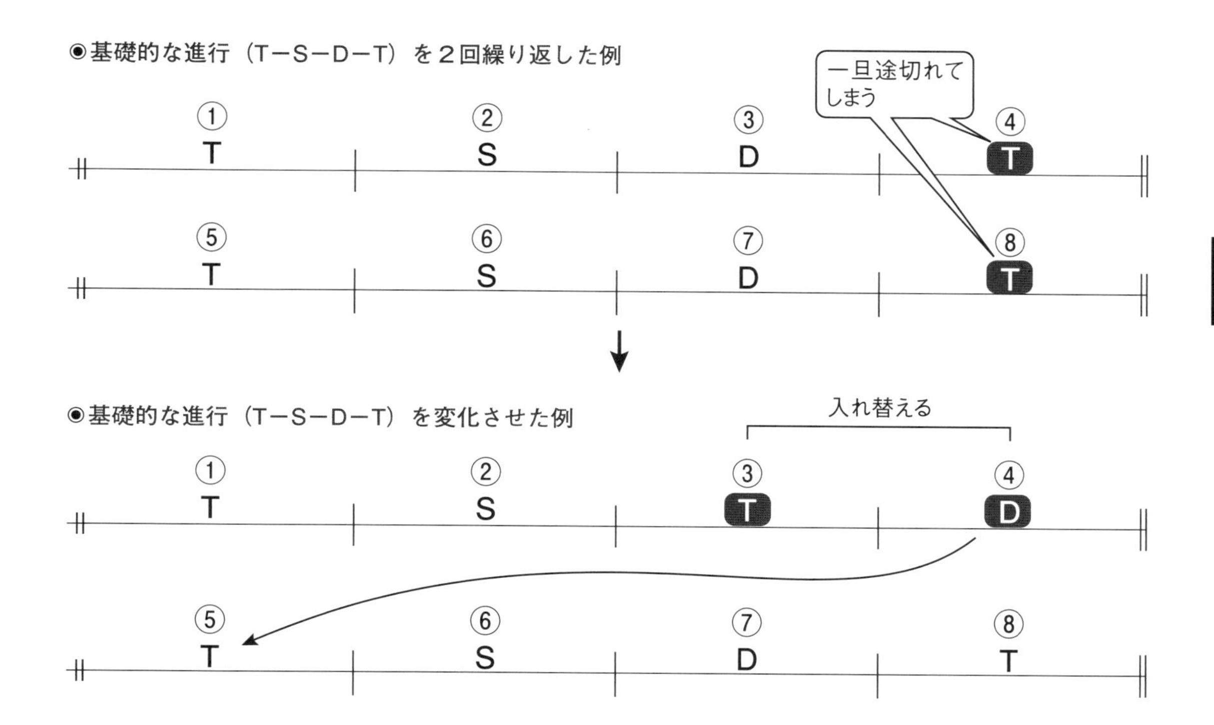

T − S − D − T をそのまま使うと、8 小節を作る時に「分断された感じ」や「一旦曲が終わった感じ」が強くなる為、3 小節目と 4 小節目を入れ替えてみます。こうすることにより、4 小節目から 5 小節目に向かう推進力が生まれます。

これを次の【譜例 6】のように、コードにして様々なキーで弾いてみましょう。「左手のみ」で弾く場合は転回形を使い、両手の場合は「右手がコード、左手がベース」というパターンを試してみてください。こちらの方が実際の伴奏に近い響きになります。

◆ 譜例 6　左手のみのボイシングと両手ボイシング（ベース＋コード）

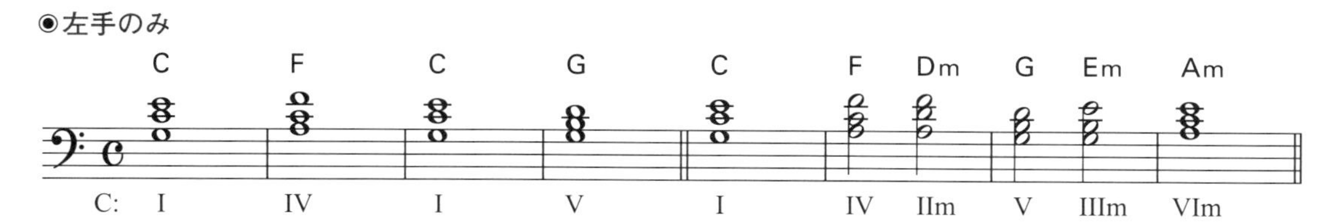

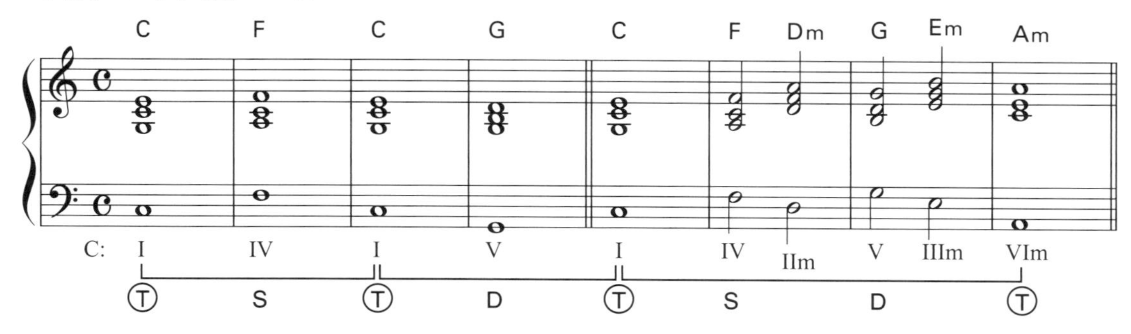

一気に全てを行うのは大変ですが、少しずつでも必ず全調性（ANY KEY）で練習することが大切です。まずは調号が１つ～３つのキーから挑戦してみましょう。

左手のボイシング例も載せておきます。

◉調号の一覧表

調号の数	1	2	3	4	5	6
♭ 系	F	B♭	E♭	A♭	D♭	G♭
♯ 系	G	D	A	E	B	

◉フラット系

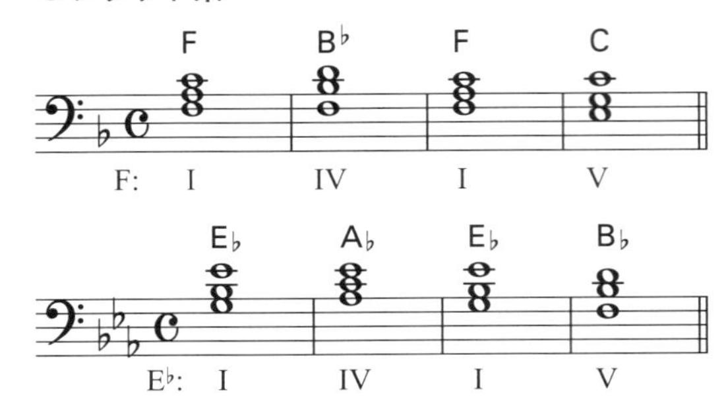

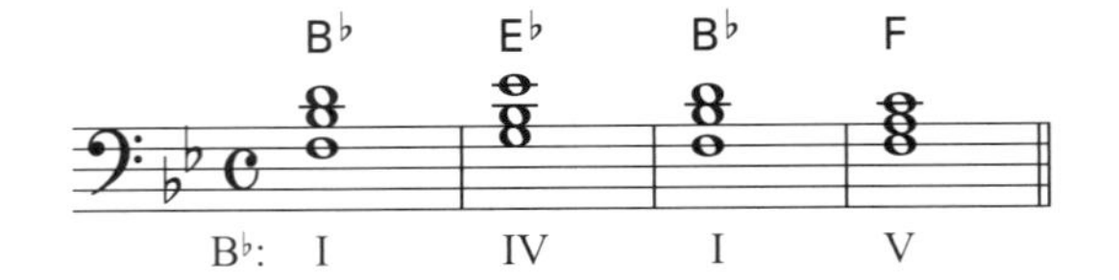

◉シャープ系

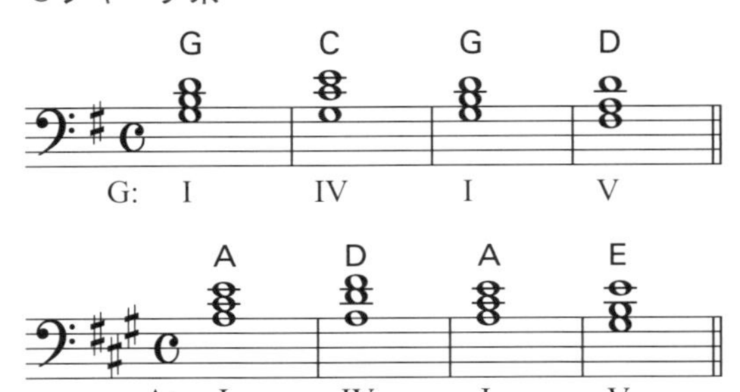

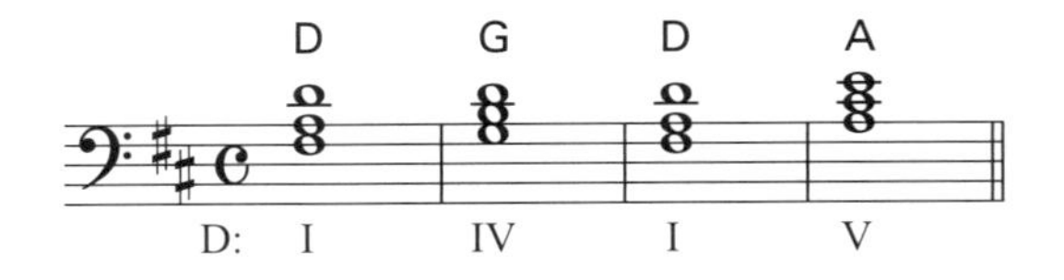

ある程度、調性感が掴めてきたらそのキーの**メジャー・スケール**や**ペンタトニック・スケール**（メジャーとマイナー）を右手で演奏してみましょう。「即興は難しい」かもしれませんが、そこまで複雑なことは考えずに、ペンタトニックを中心にしたフレーズを並べてみてください。

◆譜例 7　即興演奏練習の例１（C メジャー・ペンタ）　音源あり

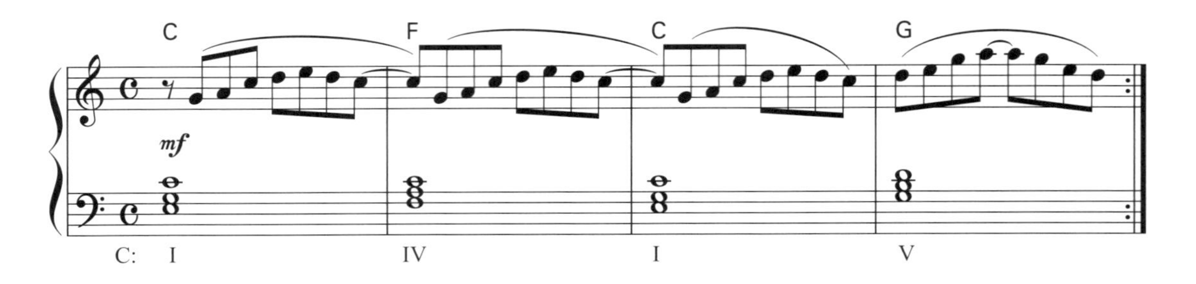

C メジャー・ペンタの「ド・レ・ミ・ソ・ラ」を「I・II・III・V・VI」と覚え、それぞれの音を開始音にして（最初はドとラ（I と VI）を重点的に）、色々とフレーズを考えてみましょう。

【譜例 7】ではソ（V）からフレーズがスタートし、３小節目まではシンコペーションしたフレーズが続き、最後のみレ（II）で始まって冒頭に戻れるようなフレーズに変えています。

◆譜例８　**即興演奏練習の例２（Ｆメジャー・ペンタ）**　音源あり

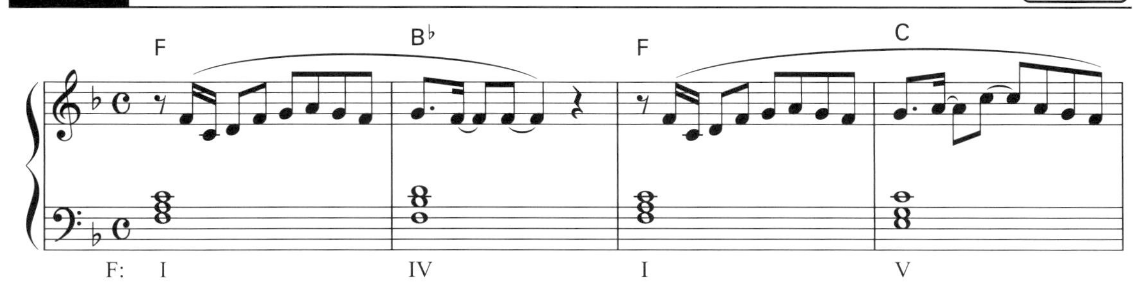

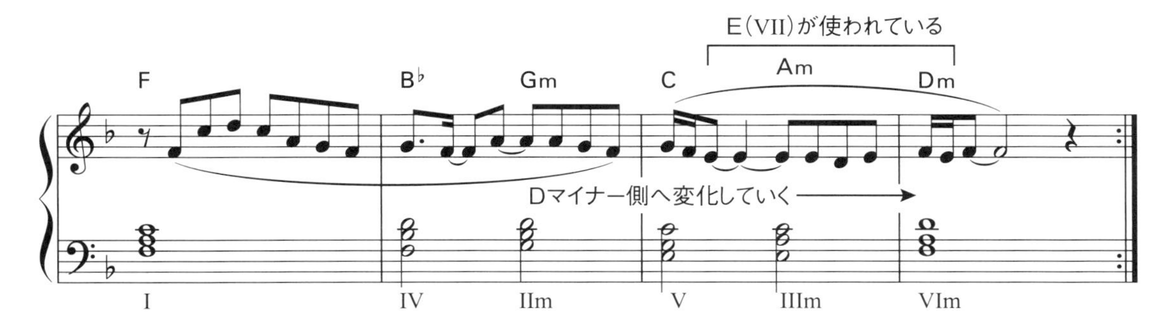

「**P.119 基礎的な進行（変化させた例）**」に基づいたコード進行で、８小節の即興演奏の練習例です。基本はＦメジャー・ペンタトニック（ファ・ソ・ラ・ド・レ）で推移していますが、後半のマイナー系（平行調のＤマイナー）に移るところで、少し違和感を持つはずです。

これは、コード進行が６小節目の３拍目から「IIm − V − IIIm − VIm」の逆循環進行に入ったことも影響しており、メロディの中心がファからレに移るように「調性的な圧力」がかかるからです。

また、調性的な圧力の原因は、C・Am に含まれる「ミ（E）」にもあります。この音は**ヘキサトニック**と呼ばれるもので、ペンタトニックの次のミ（VII音）の音に該当し、ファと半音で衝突し始めるため安定感が弱まるのです。

◉調性の関係（ペンタトニックが中心）

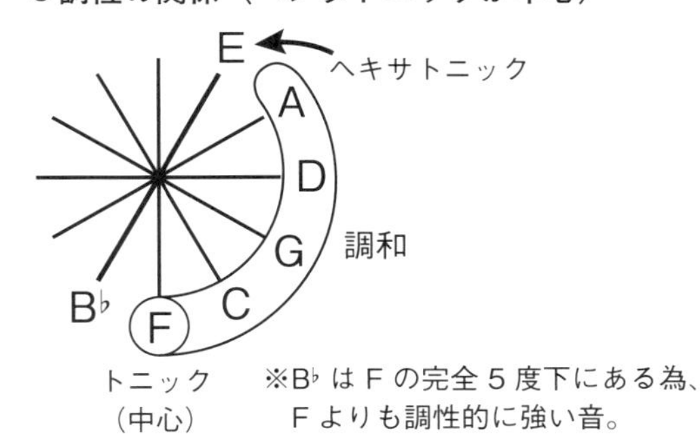

調性音楽はペンタトニックが調和の中心となり、五度圏で言えばフラット側（逆時計回り）かシャープ側（時計回り）に一歩でもずれると調性が不安定化します。キーＦで例えると、B♭方向に動けば重心がＦ→B♭へ移行し、Ｅ方向に動くと半音階による「中心音（F）」の不安定化が起こります。

※調性やモードについて詳しく知りたい方は、拙著「実践！作曲・アレンジに活かすためのモード作曲法（自由現代社・刊）」をご参照ください。

調性感が身に付いてきたところで、もう１曲コード付けに挑戦してみましょう。実際、必ずしもシナリオ通りに行かないことも多いですが、「基準」を持っているか否かで判断のスピードや正確さが変わってくるはずです。

これまでのコード進行や練習のパターンも参考にしながら、それに囚われずに付けてみましょう。

◆譜例 9　コード付け課題 1

ヒントは、キー B♭ で最初と最後のコードも B♭ です（それ以外のコードを付けられる方は、付けても OK）。

まず、主要なコード（I・IV・V）を確認し、その次に副三和音を確認しましょう。

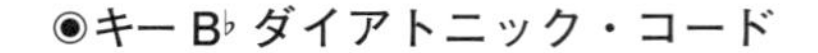

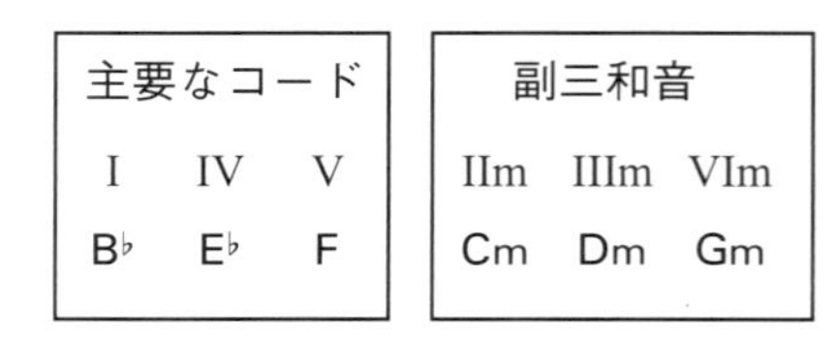

主要なコード		
I	IV	V
B♭	E♭	F

副三和音		
IIm	IIIm	VIm
Cm	Dm	Gm

ここからコード付けをしていきます。**3 ～ 4 小節目の折り返し地点**に注目しましょう。ここが「トニック、ドミナント」かで**全体の構想**が変わってきます。

メロディの流れからファの主張が強いので、3 小節目はドミナントの F、4 小節目をトニックの B♭ でどうでしょうか？その場合、後半の 5 小節目に I 度が続くと少し間延びするので、VIm である Gm から始めます。6 小節目は、「ドミナント」にするにはまだ早いのと、構成音「ミ♭・ソ・レ」から E♭(M7) にしてみます。一旦、ここまでを整理してみましょう。

◆譜例 10　コード付け課題 2

2 小節目は、前後関係（トニックとドミナント）からサブドミナントの E♭ が合いそうです。また、7 小節目はエンディングに入っているのでドミナントの F を入れてみましょう。

◆譜例 11　コード付け課題 3

これで「完成！」と言いたいところですが、前・後半それぞれの 3 番目の小節（3・7 小節目）は、やや間が抜けて聴こえます。少しエッジを利かせる為に、ここは IIm を挿入し、「**IIm － V に分割する**」のはどうでしょうか？

ピアノで弾くには少し音域が低いので、オクターブ上げて伴奏を付けてみました。

◆譜例 12　【譜例 11】をピアノ向けにアレンジ　音源あり

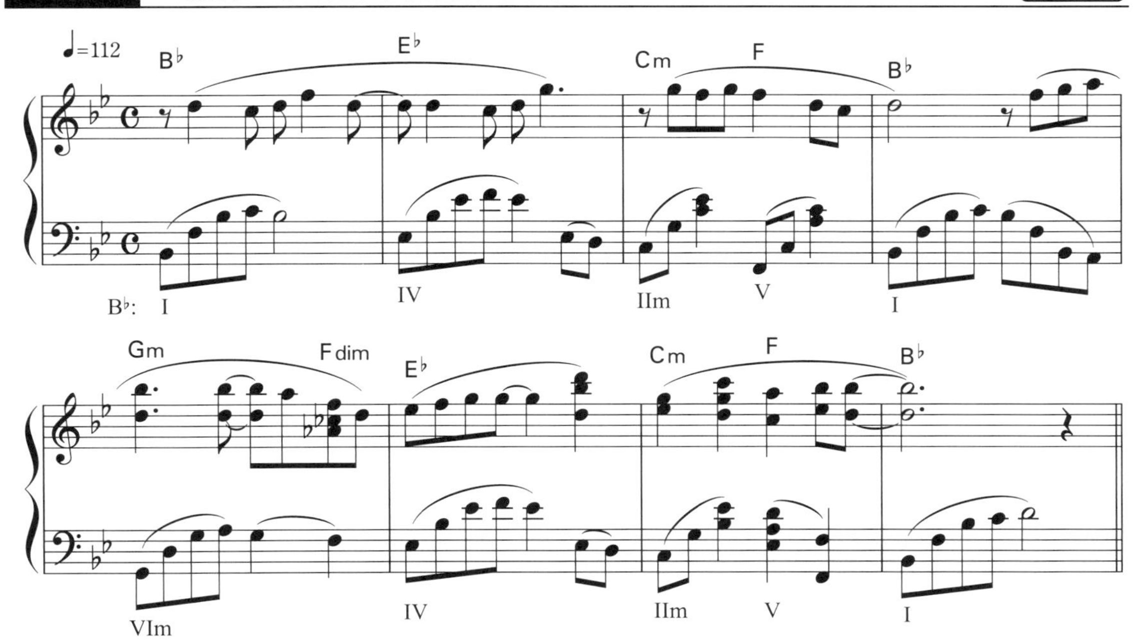

5 小節目の Fdim はセカンダリー・ドミナントである B♭7 の変形版です。ただ、これはほんのスパイスに過ぎず、「**骨格のコードを正しく導く**」ことが如何に重要かを理解しましょう。

Section 3-2

メロディにコードを付けてみよう 2

引き続き、メロディにコードを付けていきましょう。ここからは応用編になります。

同主短調（サブドミナント・マイナー等）の活用

メジャー・キーでコードを付ける際、同主短調（C であれば、Cm を指す）のコードを召喚すれば、これまでのダイアトニック・コード・オンリーの世界から抜け出せます。

もう一度、同主短調でよく使われる音をおさらいしましょう。

◉同主短調の和音（キー Cm、ナチュラル・マイナー）

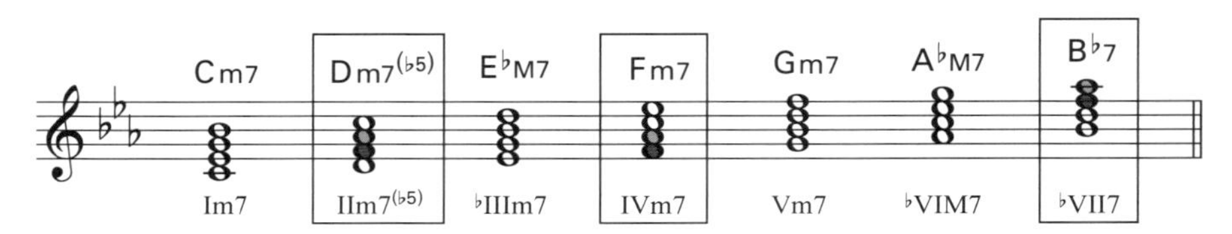

サブドミナントのF、マイナー・キーのA♭を持つコード　＝　サブドミナント・マイナー
※B♭7（♭VII7）は、Fm7（IVm7）とセットで使われることも多い。B♭7以外は三和音でも可。

C メジャーのサブドミナント F（IV）とナチュラル・マイナーの特性音 A♭（♭VI）、この二つを持つ同主短調のコード群を「**サブドミナント・マイナー**」と呼びます。

一般的な使用例は、「**メジャー・キーの IV や IIm7 の部分を差し替えるもの**」です。キー C の場合は、F と Dm7 ですね。これは響きを聴くと、多くの方がピンと来るのではないでしょうか？

代表的なコード進行をまとめると、次のようになります。

① **IV － IVm － I**（準固有和音）
② **IVm － ♭VII7 － I**（サブドミナント・マイナー・ケーデンス）
③ **IIm7(♭5) － V7 － I**（ツー・ファイブへの応用）
④ **IV － IVm － IIIm － VIm**（経過的用法）

① IV － IVm － I（準固有和音）

①は、サブドミナント・マイナーの代表的な用例です。始めの「**IV**」**を省略して、I － IVm － I と直接的に繋ぐこともできます**。少し「切なさ」を付加するようなイメージで使うと良いでしょう。

ポップスでの用例は数多くあるので、好きな曲があれば、どこがその響きなのかを確認しましょう。

♪参考曲

- SEASONS ／浜崎あゆみ
- つつみ込むように…／ MISIA
- 歌うたいのバラッド／斉藤和義
- 上を向いて歩こう／坂本 九
- みんなのうた／サザンオールスターズ
- もしもピアノが弾けたなら／西田敏行
- 三百六十五歩のマーチ／水前寺清子
- 儚くない／ SUPER BEAVER
- 心得／ Uru
- 昴／谷村新司
- 日常／ Official 髭男 dism
- 愛を込めて花束を／ Superfly
- すばらしい日々／ユニコーン
- 今、咲き誇る花たちよ／コブクロ
- ずっと／ aiko
- ありがとう／いきものがかり
- マンハッタン・キス／竹内まりや
- ギブス／椎名林檎
- PRIDE ／今井美樹
- AMBITIOUS JAPAN! ／ TOKIO

…etc.

◆譜例 1　IVm を使用した例 1

音源あり

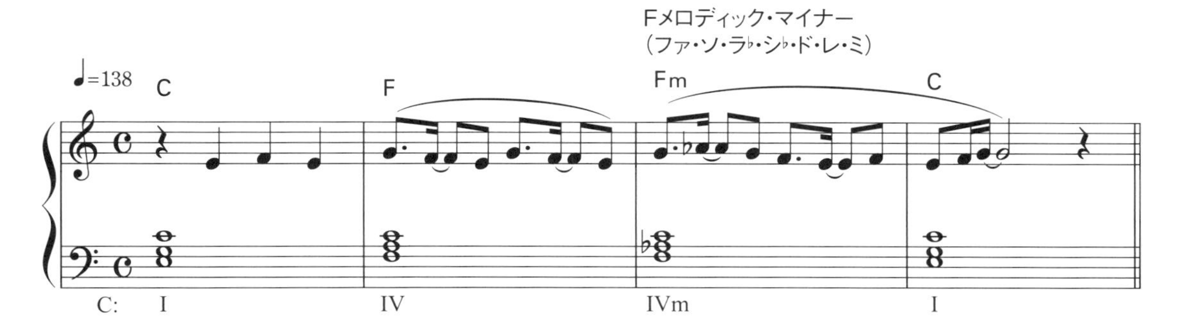

F → Fm とコードが変わる際にメロディにも変化が起きており、コードがメロディに影響を与えている例です。反対に「**コードのみが変化する**」ケースもあります。

サブドミナント・マイナー Fm は「Fm・Fm6・Fm7・FmM7」と**複数の種類が使える**ので、「メロディとの関係」により柔軟な変化に対応することが可能です。

◆譜例 2　IVm を使用した例 2

2 小節目と 4 小節目は同じ「サブドミナント・マイナー」ですが、異なるコードとスケールが割り当てられています。セブンスの種類により、使用スケールが変化する点にも注目しましょう。

これは、メロディから思い浮かぶケースも多いですが、先にコード進行を決めて後からメロディを調整することもあると思います。実際の楽曲を参考に色々と試してみましょう。

サブドミナント・マイナーを使用した例　**移り香の記憶**　作詞・作曲：彦坂恭人　音源あり

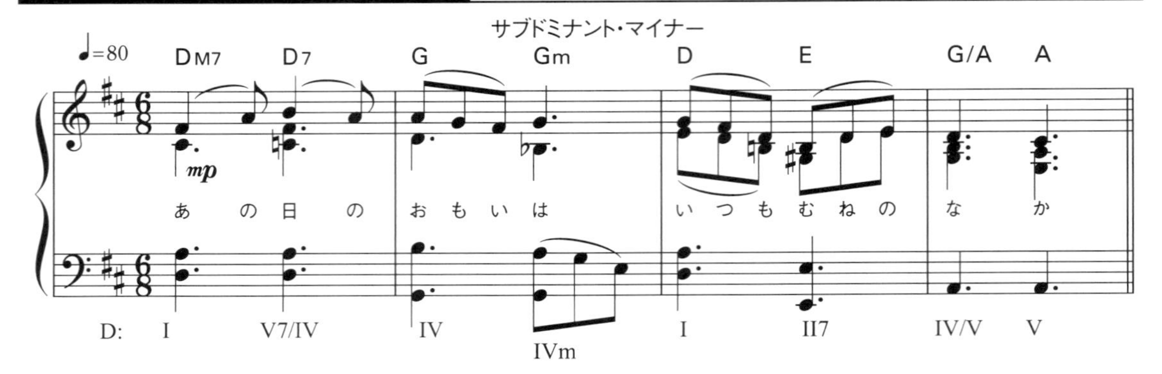

ドラマやアニメのエンディングテーマを想定して作られた楽曲（一部を抜粋）です。

抜粋した部分は曲の最後の部分で、「あの日の想いは（2 小節目 3 拍目）」という箇所に IVm が使われています。

俗な表現をすると「キュンとくる」部分であり、これまで気を張って闘っていた女性が、少しノスタルジーに浸っている情景を映し出しています。

② IVm − ♭VII7 − I（サブドミナント・マイナー・ケーデンス）

IVm − ♭VII7 はマイナー・キーの ♭III へ解決しますが、この場合は I に進行（偽終止）します。ジャズではよく使われている手法で、ポップスでも有効です。

IVm−♭VII7−I　Fm−B♭7−C
偽終止
（メジャー・キーへ）
IVm−♭VII7−♭III　Fm−B♭7−E♭
本来は ♭III に解決

♪参考曲

- **私がオバさんになっても／森高千里**
- **瞳そらさないで／ DEEN**

…etc.

◆ 譜例 3　IVm − ♭VII7 − I の例

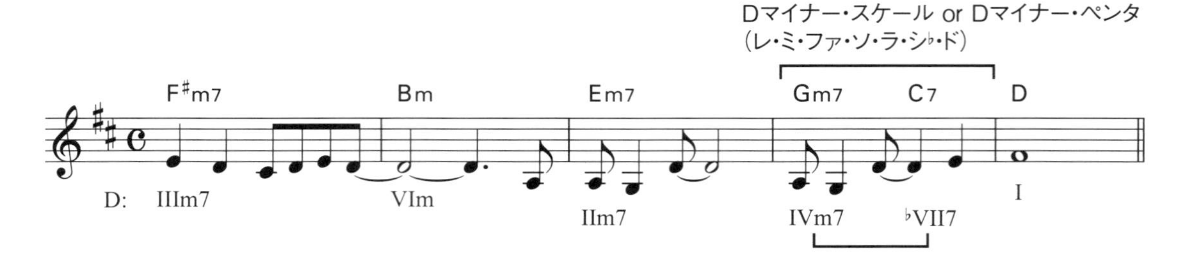

循環進行（IIIm − VIm − IIm − V）の流れに乗りながら、最後の部分のみ「IVm7 − ♭VII7」に入れ替えています。このように、サブドミナント・マイナーのコードが 2 拍間隔の場合、メロディは同主短調のナチュラル・マイナーやマイナー・ペンタを使うと、自然に進行しやすいと思います。

「IVm − ♭VII7（サブドミナント・マイナー・ケーデンス）」は IVm のみと比較した場合、**切なさが少し抑えられ**、そこから立ち直った「爽快さ」のようなものを感じます。元々は、F メジャーに向かう「ツー・ファイブ」なので、予想外の世界に連れて行かれそうな期待や不安も混じった表現になるのでしょう。

③ IIm7(♭5) − V7 − I（ツー・ファイブへの応用）

サブドミナント･マイナーの代表的な用例の一つです。IIm7(♭5) は転回すると IVm6 と同じ構成音であり、クラシックでも「**付加６の和音（長６度を足した音）**」として使われていました。

ポップスにおける用例は意外に少ないのですが、もっと活用されて良い響きだと思います。♭5th を使いこなせれば、かなりの「作曲上級者」といえます。

♪参考曲

- 帰りたくなったよ／いきものがかり
- 世界中の誰よりきっと／中山美穂＆ WANDS
- 銀河鉄道 999 ／ゴダイゴ（GODIEGO）
- はじまりはいつも雨／ ASKA

…etc.

マイナー化された♭VI 音（A♭）は次の V7 にも引き継がれ、♭9th として作用することもあります。

◆ 譜例４　IIm7(♭5) − V7(♭9) − I

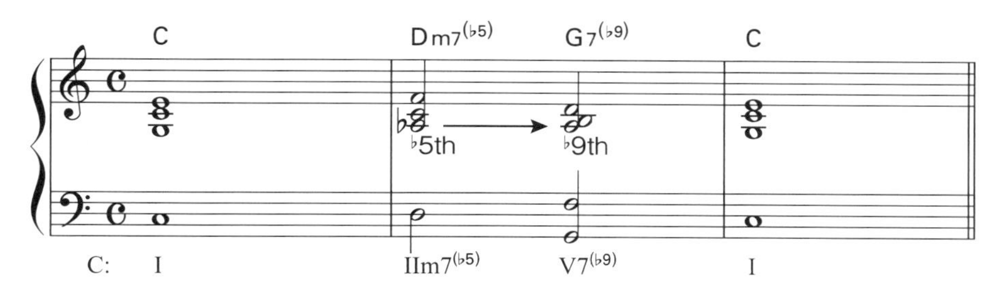

２小節目のスケールは、Dロクリアン（♮9th）とGハーモニックマイナー･P5thビロウが該当します。

Dロクリアン♮9th →Dロクリアンの 9th（ミ♭）を半音上げて「レ･ミ･ファ･ソ･ラ♭･シ♭･ド」。
Gハーモニックマイナー･P5thビロウ（ソ･ラ♭･シ･ド･レ･ミ♭･ファ）→Cハーモニック･マイナーをVから並べたスケール。
ハーモニックマイナー･P5thビロウ → 5度下のハーモニックマイナー･スケールをVから並べるとわかりやすい。

◆ 譜例５　IIm7(♭5) − V7(♭9) − I の例

音源あり

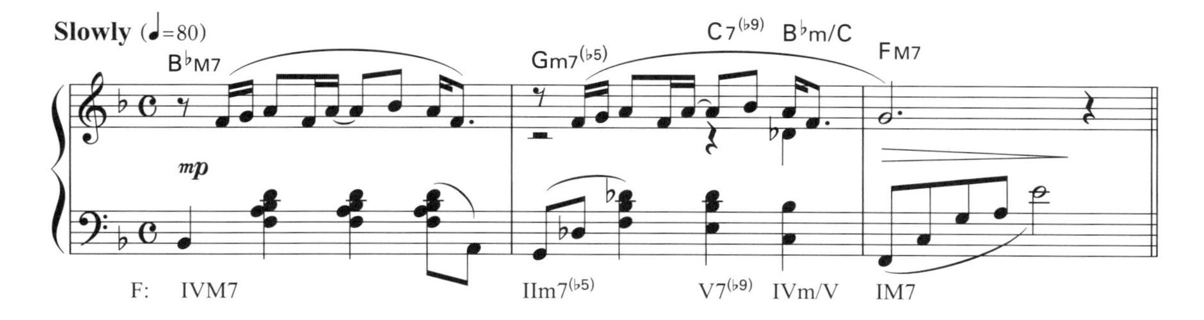

１小節目と２小節目は全く同じフレーズですが、「**背景に付くコード**」で全く異なった表情を見せます。また、２小節目のフレーズは F マイナー・キーに引きずられて「ラからラ♭」にしたくなりますが、敢えて「F メジャー」のままで通すとメロディの強さが際立ちます。

因みに、終止前の最後のコードも IVm/V というオン･コードになっており、サブドミナント･マイナーの応用手法です。

④ IV － IVm － IIIm － VIm（経過的用法）

♪参考曲

- 花火／aiko
- オレンジ kiss ／ Snow Man
- Mela! ／緑黄色社会
- スノーマジックファンタジー／ SEKAI NO OWARI
- September ／竹内まりや（IVm － IIIm）

…etc.

IV から IVm はモーダル・チェンジ（移旋）で雰囲気を変える効果がメインですが、もう一つ「経過的な用法」というものがあります。

これは、メジャーからマイナーへの変換を通して起きる「**3rd → m3rd**」という半音の変化を「**経過音として扱う**」という発想から生まれた用例で、モーダル・チェンジの応用とも解釈できます。

例えば、C メジャー・キーにおいての「F － Fm － Em」は、ドミナントである G7 に導くサブドミナント・マイナー（Fm）とは「**役割**」が異なります。ただ、最初は難しく考えずには単なる平行移動と捉えた方が理解しやすいでしょう。

◆ 譜例 6　IV － IVm － IIIm － VI7（経過的用法）

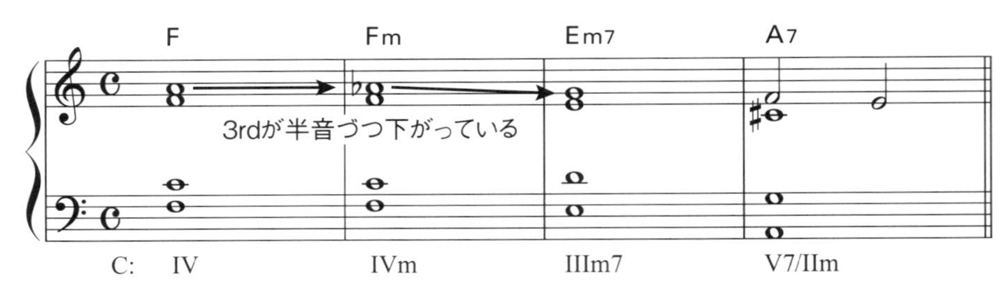

※Fmの部分のスケールは、Fメロディックマイナー、またはFナチュラル・マイナーが候補です。

自然な繋がりとしては、IIIm の後、VIm や VI7（V/IIm セカンダリー・ドミナント）が適しています。次に作品への応用を示します。

◆ 譜例 7　IV － IVm － IIIm － VIm の例

音源あり

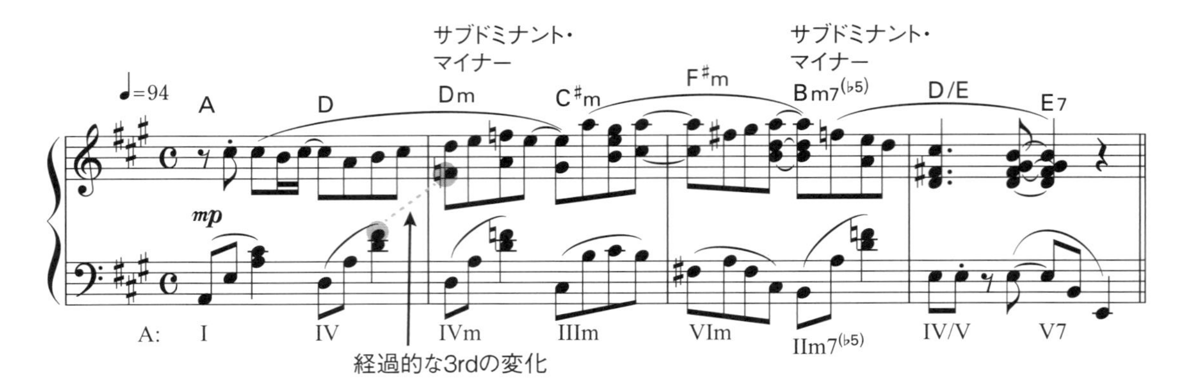

経過的な動きをしているのは、1 小節目の 3 拍目 D ～ 2 小節目の 3 拍目 C♯m までです。IV と IIIm の間には、経過する半音が存在しないため、3rd の変化で経過を表現しているとも解釈できるかもしれません（ファ♯→ファ→ミ）。

メジャー・キーで♭VIを使おう

トニックとしての♭VIはクラシックでも見られる用例ですが、一気に調性感が変わる不思議な音です。楽曲の中では、ピンポイントで使われることが多いです。

♪参考曲

- 君がいるだけで／米米CLUB（※大サビ前）
- 炎／LiSA
- 気分爽快／森高千里
- ニッポンの空／サザンオールスターズ
- ピースサイン／米津玄師
- イエスタデイ／Official髭男dism
- I Love…／Official髭男dism
- Magic／Mrs.GREEN APPLE
- ANGEL／氷室京介

…etc.

▼偽終止（V－♭VI）

典型的な進行としては、**偽終止**（V7がI以外に解決する）です。メジャー・キーでIV（IIm）－V7－VImという偽終止の最後のVImを同主短調の♭VIに変えてみましょう。

♭VI度は、その他にもモード的用法（♭VI－♭VII）やサブドミント・マイナー（IVm）の平行調にもあたるため、サブドミナントとして扱われることもあり、比較的活躍の幅が広いコードです。

◆譜例8　I－V－♭VI

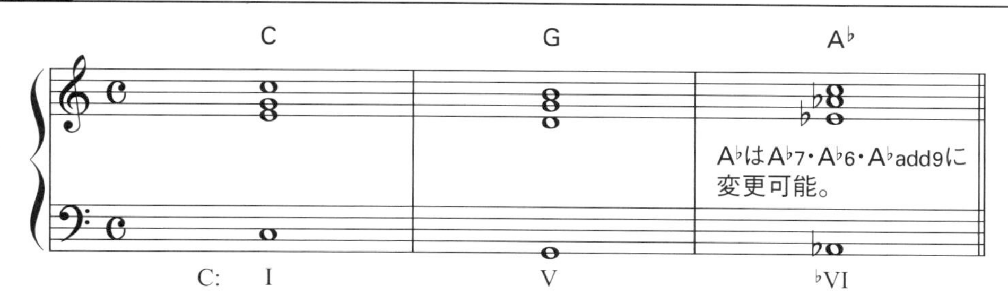

【譜例8】は、終止形（ケーデンス）の最後の音を♭VIに差し替えた例です。また、この部分の使用可能スケールは「**A♭リディアン**」で、Cナチュラル・マイナーをA♭（VI）から並べたスケールです。

IVmやIIm7(♭5)と同じ系統の調性感を持っていますが、他の二つとは異なり「**ルートがノン・ダイアトニックの♭VI音**」である為、ドミナントから着地したときの意外性が大きいと言えます。

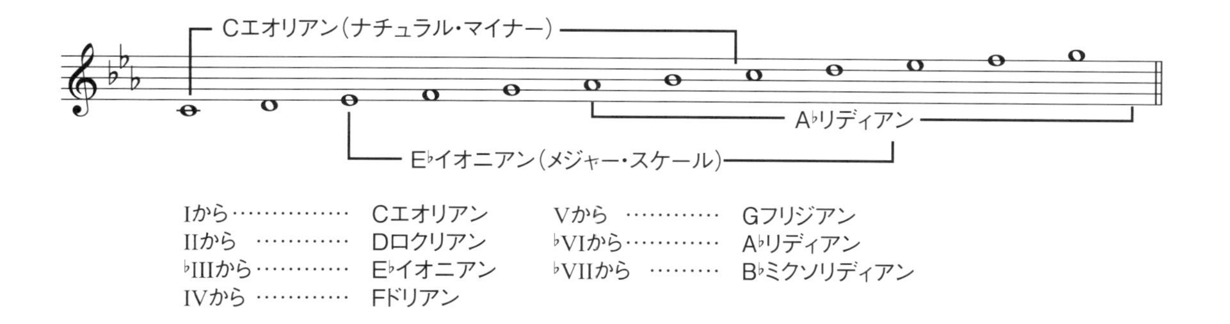

◆譜例 9　偽終止としての♭VI の例

音源あり

アップ・テンポの楽曲の最後の部分を想定しています。IV 度からの「平行〜下降進行」になっているのは推進力を保ちながら、クールダウンさせる狙い（意気込み）があります。

また、メロディの特徴としては、あくまでも「**中心音をファ（F）に保つこと**」があげられるでしょう。コード（背景）側が激流であればあるほど、主役は自己を保つ必要があり、一緒に流されると調性自体が不安定になりかねません（敢えて、それを狙う場合は除く…ストーリーにおける「主人公の成長や変革」がメインの話等）。

▼ 平行進行（エオリアン的終止）（♭VI − ♭VII − I）

次に多い♭VI 度の用例は、旋法的な手法です。一般的にはこれが旋法という認識はあまりされないですが、この平行の動きはエオリアン的な終止です。最後の I は、**ピカルディ終止**（※）と解釈できます。

ポップスのみならず、ゲーム音楽やロックでは親しみがある一般的で著名な進行といえます。

※短調（マイナー・キー）の曲で、最後の和音が短調の Im ではなく長調（メジャー・キー）の I で終わること。

◆譜例 10　♭VI − ♭VII − I

※機能和声の「連続5度禁則」は旋法的用法の場合、適用されません。

♭VI（A♭）で使われるスケールは A♭ リディアン、♭VII（B♭）は B♭ ミクソリディアンが自然です。これは「**進行の土台に、C エオリアンがある**」為です（P.129 下部参照）。

◆譜例 11　♭VI－♭VII－I　例 1

音源あり

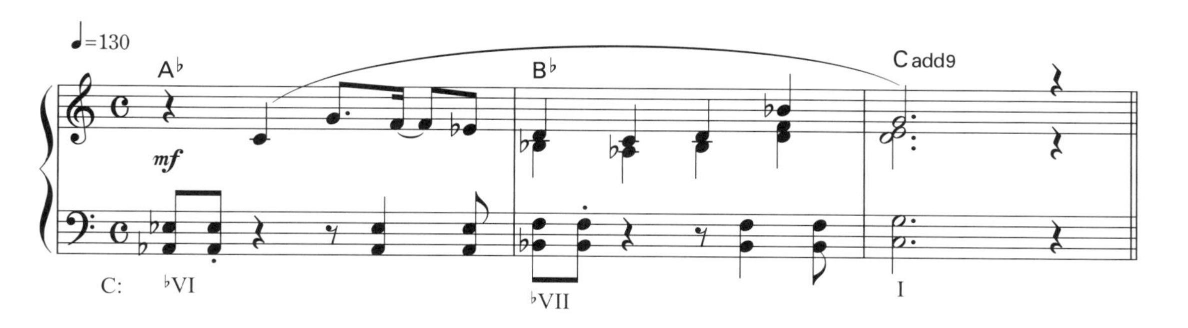

完全５度の平行進行は、ロックの「パワーコード」を想起させ、力強さや元気な雰囲気を強調できます。旋律線はド（C）が中心音になるように動かしており、最後だけ少し捻りを入れてソ（G）へ達しています。

◆譜例 12　♭VI－♭VII－I　例 2

音源あり

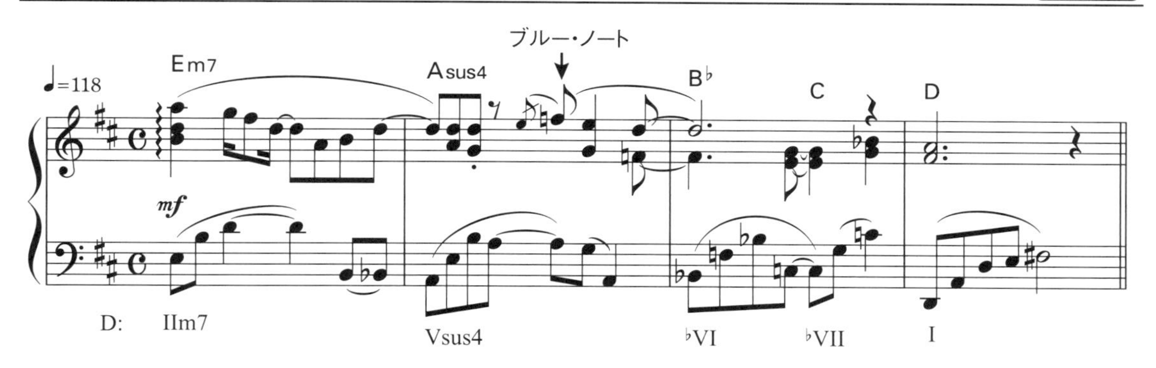

この譜例は楽曲の曲尾（終わり）をイメージしています。

D ペンタトニックを軸にしながらも、少しブルージーなイメージを入れる為、D ブルース・スケールの要素も混ざっていることを確認してください。2 小節目のファは♭3rd（ブルー・ノート）です。

セカンダリー・ドミナントの活用（I7・III7・VI7）

ペンタトニックやダイアトニック・スケール（基礎的な音階）でメロディを作るのが基本とはいえ、表現の幅をもっと広げたいと思っている方は多いはずです。

そんな時には、「近親調（調号が近い）の和音」である「**セカンダリー・ドミナント**」を活用するのがオススメです。

旋律線は少し複雑になる可能性はありますが、さりげなく入る変化音は場の空気を新鮮なものにしてくれることでしょう。

▼ I7（V7/IV）

I7 はサブドミナントである IV 度へのドミナントで、下属調（IV のキー）からの借用和音です。

I 度から少しの変化で到達できる「**♭VII 度音（キー C ならシ♭）**」を如何にメロディに潜り込ませるか、若しくは一時的な「主役」に抜擢できるか、旋律力を磨いていきましょう。関係調の IIm も併せて使用できます（例えば、セカンダリー・ドミナントが C7 であれば Gm7）。

♪参考曲（コードのみではなく、旋律にセカンダリー・ドミナントの音が入っている例）

- 日常／Official 髭男 dism
- Pretender ／ Official 髭男 dism
- ミックスナッツ／ Official 髭男 dism
- 今宵の月のように／エレファントカシマシ
- ロマンスの神様／広瀬香美
- 決戦は金曜日／ DRAMS COME TRUE

…etc.

コードにセカンダリー・ドミナントを使うケースは多々あるのですが、メロディにまでその変化音が入ってくるケースは思いのほか少ないです。

無理に使う必要はありませんが、敢えて特徴的な音をメロディに挿入してみるのも面白いと思います。

◆譜例 13　I7 の例

セカンダリー・ドミナントは 2 小節目に使われています。

メロディの中には、その特徴的な音である F7 の「7th」が入っており、一瞬、調性感が浮遊するのが分かると思います。

旋律は 3rd である「ラ（A）」の音に重心があるように感じます。

セカンダリー・ドミナントの活用 1　雨の Love Letter　作詞・作曲：彦坂恭人　音源あり

使用スケール　A メジャー・スケール

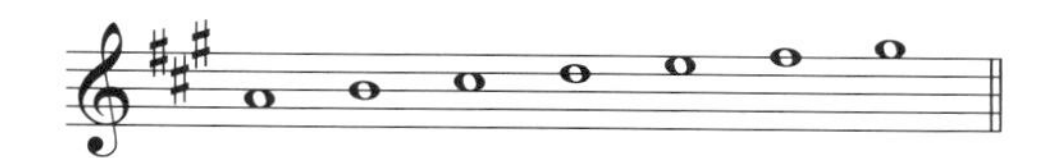

※メロディは1オクターブ上げで記譜されています。

この譜例は A メロ（2 回目）の部分です。該当の I7 は、関連の IIm（Related IIm）とセットで 4 小節目に使われており、メロディはダイアトニックに無い「**G ナチュラル**」の音がトップに配置されています。また、2 小節目の III7 はメロディにノン・ダイアトニックの音は入っていません。そちらも参考になさってください。

I7 は ♭系である IV 度方向に調性が流れるので、「柔らかい」印象を与えることが多いです。また、メロディに半音の変化を与えることにより、恋心の繊細さを表現しています。

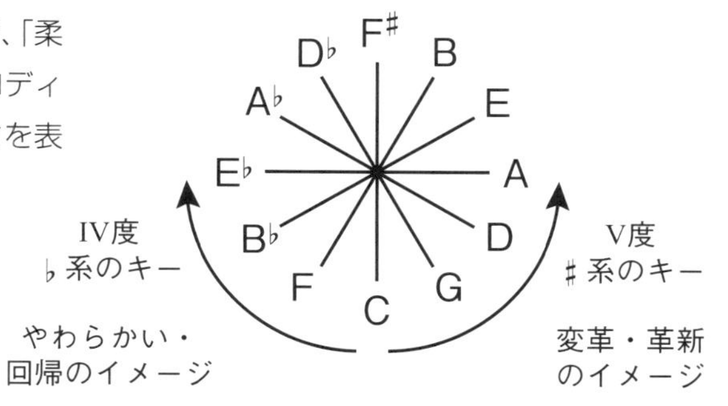

▼ III7（V7/VIm）

このセカンダリー・ドミナントは「Just the Two of Us」や「丸の内サディスティック（丸サ進行）」でも有名ですが、平行短調である VIm に進む音なので元から用例は非常に多いです。

メロディの音に「♯V（キー C ならソ♯）」が入ると本当にマイナー感が出てしまうので、あくまでも転調をせずにメジャー・キーの雰囲気を崩さないように使います。その辺りのさじ加減を学んでみましょう。

♪参考曲

- Bye-Good-Bye ／ BE:FIRST
- パプリカ／米津玄師
- なごり雪／イルカ
- やさしさに包まれたなら／荒井由実
- ヒトリノ夜／ポルノグラフィティ
- 真夏の Sounds Good! ／ AKB48
- M ／プリンセス・プリンセス
- リンダリンダ／ THE BLUE HEARTS
- 歩いていこう／いきものがかり
- ハッピーエンド／ back number
- 今、咲き誇る花たちよ／コブクロ
- ONLY YOU ／ BOØWY
- 見えない星／中島美嘉
- Sign ／ Mr.Children

…etc.

◆譜例 14　III7 の例（♯V を使った場合）

2 小節目のセカンダリー・ドミナント III7 は、ハーモニックマイナー・パーフェクト 5th・ビロウという長い名前のスケールを使います。ただ、実際は次の Am のハーモニック・マイナー・スケールを弾くだけです（P.127 参照）。

曲によっては III7 にはせず、Iaug を使うケースもあります。Iaug は、「**♯V 音を含む同じ種類の響きを持ったコード**」だからです。比較してみましょう。

◆譜例 15　III7 と Iaug の共通音

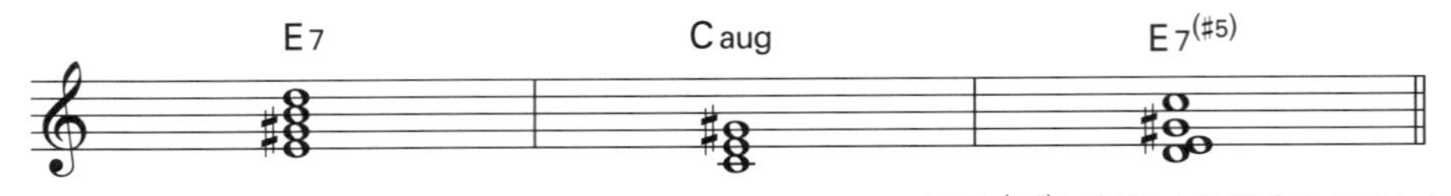

※E7(♭13)と表記する場合もあります。

セカンダリー・ドミナントの活用 2　恋のエントリー　作詞・作曲：彦坂恭人　音源あり

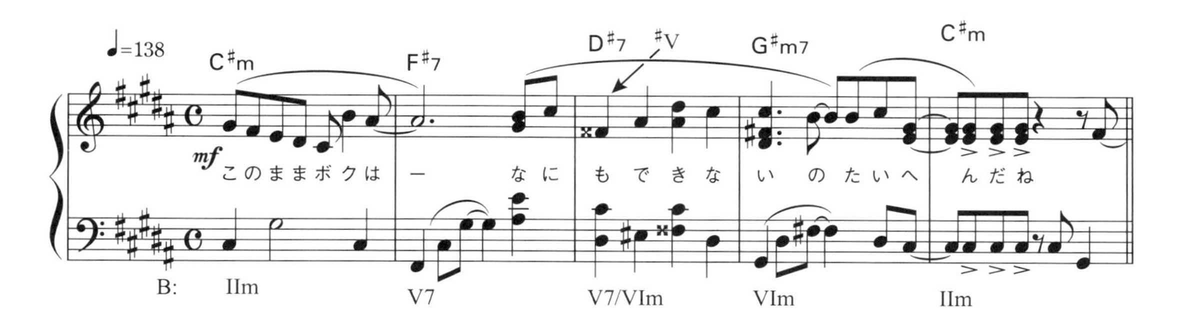

Bメジャー·キーで少し読みづらいですが、半音上げてみれば「Dm − G7 − E7 − Am − Dm」となります。こちらも楽曲の最後の「キメ」の部分であり、印象に残る強い音が欲しい場面なのでマイナー・キーに寄りかねない危険を冒しても「V7/VIm」のセカンダリー・ドミナントを使っています。

▼ VI7（V7/IIm）

IImへのセカンダリー・ドミナントは日本のポップスでは意外に使われている例が少ないですが、音楽に陰影を付けるのに優れ、もっと使われて良い音です。

メロディに入ってくる「♯I（キーCならド♯）」の音を自然に馴染ませる方法を学びましょう。

♪参考曲

- だってめぐり逢えたんだ／純烈
- 銀河鉄道999／ゴダイゴ（GODIEGO）
- 廻廻奇譚／Eve
- かもめが翔んだ日／渡辺真知子（メジャーで見た場合）
- 白い恋人達／サザンオールスターズ
- SUMMER CANDLES／杏里
- ありがとう／いきものがかり
- Love so sweet／嵐
- プライマル／Original Love
- ボーイフレンド／aiko

…etc.

◆ 譜例 16　VI7 の例 1

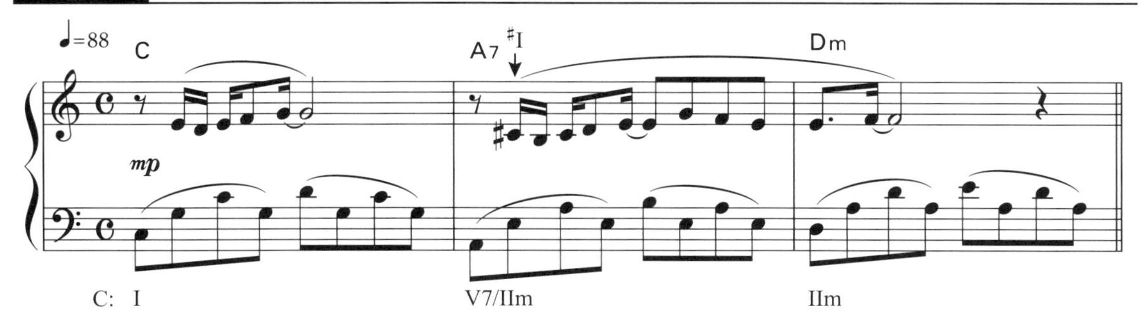

2小節目のセカンダリー・ドミナントVI7の箇所は、CメジャースケールのIをI♯にしたフレーズです（※）。行き先のコードがマイナー·コード（Dm）なので、場合によっては「Aハーモニックマイナー·パーフェクト5thビロウ」も可能です。

（※）正式なスケール名はAミクソリディアン♭13thスケール（ラ・シ・ド♯・レ・ミ・ファ・ソ）です。

◆ 譜例 17　VI7 の例 2

音源あり

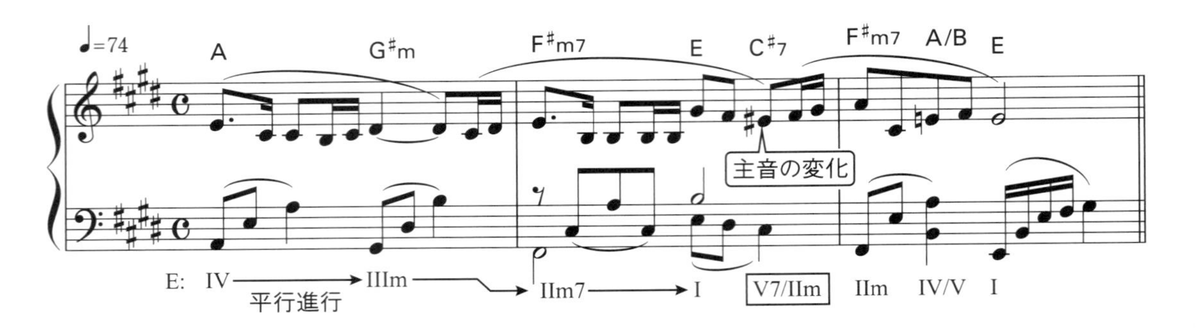

A メロの最後の部分のイメージです。IV 度から下降・平行で動くコード進行の切り返しのような形でセカンダリー・ドミナントが配置されています。

変化する音が「主音」なので、最初は歌うのも大変かもしれませんが是非、積極的に使ってみましょう。

ブルース 7th（IV7）

日本の歌謡曲には「〜のブルース」というタイトルの楽曲は結構ありますが、実際に黒人音楽のブルースの要素が入っているものはあまりありません。どちらかというと、精神性や象徴的な意味でブルースと付けられているようです。ただ､ロック（代表はプレスリーやビートルズ）は源流がブルースにある為、アーティストの中には実際にブルースの音（IV7 の 7th）をしっかり歌っている例もあります。

ブルース形式の曲でなくても「ブルース・フィーリング」を持った音はロックの源ですから、どんどん使っていきましょう。

♪参考曲

- **働く男／ユニコーン**
- **HELLO ／福山雅治**
- **フライングゲット／ AKB48**
- **花火／ aiko（コードは F − E♭ と分離しているがブルースフレーズ）**

…etc.

◆ 譜例 18　ブルース 7th の例 1

音源あり

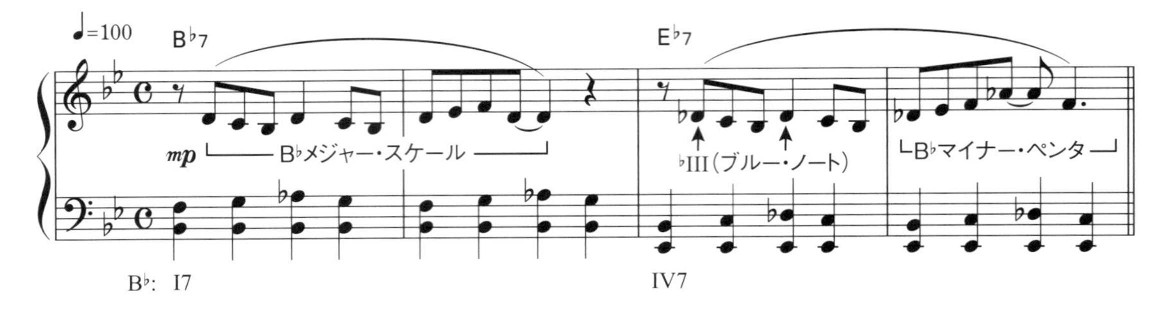

一曲の中でブルース・スケール（P.137 参照）とメジャー・スケールを共存させるのは、よく行われる手法です。寧ろ、違いが明確になるので二つ並べるのは効果的なやり方とすら言えます。

譜例では I 度が「7th 化」されていますが、これも必須ではありません。「**メロディのみがブルー・ノート**」の場合も充分にあり得ます。

ブルースの構造は、誤解を恐れずに言えば、「西洋のコード（宗教戒律や西洋文化の象徴）」の上に「アフリカのメロディ（人類の原初のもつ強靭さ）」が乗っているような形をしています。

メジャー・コードの上でマイナー・ペンタトニック（ブルース・スケール）が堂々と歌い続けるという根本的な精神を忘れずに作るのが、ジャズ、ブルース、ロックン・ロールそして、それらを継承し統合する「ポップス」なのです。

◉C メジャー・キー　→　C ブルース・スケール（C マイナー・ペンタ ＋ ♭V）

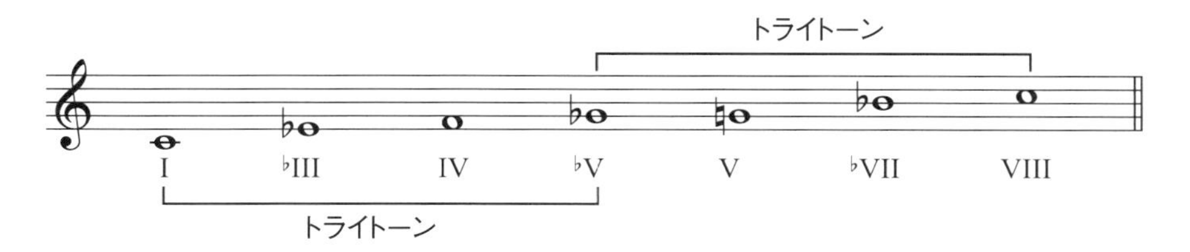

C ブルース・スケールの原型は「**C マイナー・ペンタトニック・スケール（E♭ メジャー・ペンタ）**」です。そこに、均等分割音である「**♭5th**（♯4th）」が加わったものをブルース・スケールと呼びます。

そして、C メジャーの曲には原則として「C ブルース・スケール」が使われ、コードが F・G7 になっても貫き通します。そうすると、例えばシ♭は C のコード上では 7th として響き、ミ♭は F のコード上で 7th として響くので、自然と 7th の響きの連鎖が生まれます。

◆譜例 19　ブルース 7th の例 2　音源あり

メロディは 1 オクターブ上げています。左手のアレンジは E♭ 以外のコードは 3rd の音が抜けており、パワーコードになっていますが、あくまでも「メジャー・キー（長調）」として認識しています。平行和音との相性はとても良いので適宜、使用してください。

♭III7・IV7・♭VII7の可能性

◉同主短調のセカンダリー・ドミナントの可能性

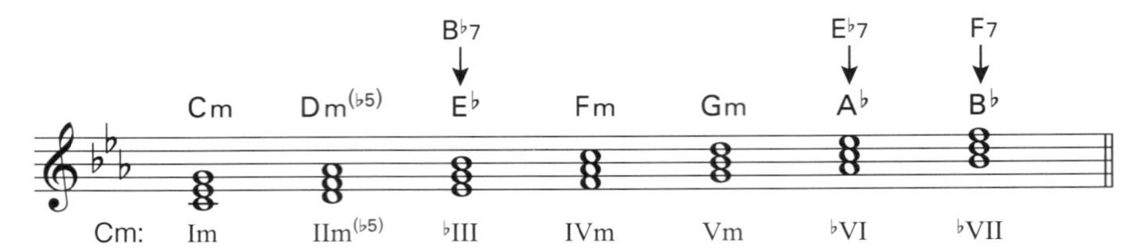

Key：Cm

（1）B♭7（♭VII7）

（2）E♭7（♭III7）

（3）F7（IV7）

これらは、ポップスにおいて平行調であるE♭メジャー・キーのV7／I7／II7と解釈が可能であったり、それぞれの裏コード（※）との区別が明瞭ではないため、あまり積極的に触れている理論書は少ないように感じます。しかし、使い方によっては「**セカンダリー・ドミナント**」や「**モーダル（ブルージー）な手法**」としてポップスにも応用は十分に可能です。

（※）B♭7の裏E7（III7）、E♭7の裏A7（VI7）、F7の裏B7（VII7）

▼ ポイント

・できるだけ速やかに「Cm」に回帰する

・旋法やブルース的な特徴や流れを明瞭にする

◆譜例20　♭III7・IV7・♭VII7を使った例1

◆譜例21　♭III7・IV7・♭VII7を使った例2　音源あり

実際のポップスの作曲においては、ここまで多くのセカンダリー・ドミナントを使用することは少ないかもしれません。しかし、「持ち札」として様々な可能性があることは、きっと強みになるでしょう。

Section 3-3

メロディにハモリを付けてみよう

1 曲の中でハモリを付ける場所

ハモるとは、「**主旋律（メインのメロディ）に対して補完的に和音や対旋律を足す**」ことを指します。歌謡曲や演歌のように、歌唱力の魅力を最大限に聴かせることを目的としたジャンルは原則として「ソロ」の「シングル・ライン」で歌われますが、大衆性や華やかさを追求するポップスは異なります（※）。

近年は録音編集の技術も格段に向上し、ハーモニーの自動生成 AI まで出てきている時代ですから、ハモることは「標準」となりました。

※但し、ロックやポップ・アーティスト（本来の）もシングル・ラインで聴かせられることは重要です。

ハモる場所は、主に強調したいフレーズで、例えば「**キメフレーズ**」、「**歌詞が楽曲タイトルと同じ部分**」です。しかし、現在は「**A メロの 2 回目や B メロ**」からハモることも増えて来ました。また、「**サビ**」の部分は当たり前のように「ハモり」ます。

シングル・トーン（ソロ）の部分は A メロの冒頭の数小節のみという曲もあります。特に、大所帯のアイドルやボカロで作っているものは「常に何らかの形でメンバーの存在感を出す」為に、常時、複数の声が鳴っている状態を目指している場合もあるのです。

ただ、これらは「音楽的」かどうかとは異なる次元の話であり、業界として「絶対的なルール」がある訳でもありません。あくまでも「どこにハモリが必要か」は、一曲ごとに悩み抜いて作曲やアレンジをすることが大切です。

ハモリを作ることは、ポップスの作曲家にとって「編曲」に他なりません。細かくいえば「対位法」というジャンルで、こうすれば OK 等という万能な理論はありませんが、どのような事をしているか知っているだけでも大きな意義があると思うので、よく見られる手法を紹介します。

メロディの上に乗せる上３度ハモリ

上３度ハモリは、私の実感としては「下３度ハモリ(P.142)」よりも多く使われている印象があります。これは「**旋律線の上に長・短３度を機械的にハモらせる手法**」です。

基本はダイアトニック・スケールの範囲内で行われ、コードやアヴェイラブル・ノート・スケールも考慮されます。

♪参考曲

- **真夏の夜の夢**／**松任谷由実**
- **つつみ込むように…**／MISIA
- **冬のファンタジー**／**カズン**
- **名もなき詩**／Mr.Children
- **やさしい気持ち**／Chara
- **波乗りジョニー**／**桑田佳祐**

…etc.

◆譜例１　上３度ハモリの例

◉Bメロ１回目　元のメロディ

◉Bメロ２回目　１回目のメロディの３度上にハモリ

楽曲の「Bメロ」に出てきそうなフレーズにしました。８小節で「ひとかたまり」です。

気になるポイントとしては、７小節目のアタマ拍のハモリパート、「**ファ**」です。Cメジャー・スケールのダイアトニックな音で使用自体は問題ないですが、コード（C）の**アヴォイド**（阻害音）なのと、次のシとの関係も「**増４度**」なので、ベストな選択ではないように感じます。その場合は２度上にずらし、Cの構成音であるソに変更すると良いでしょう。

※次の拍のシもメジャー7thの音になので、気になる場合はハモリパートを半音上げてドに変えると良いでしょう。

メロディの下に置く下３度ハモリ

メロディのサポートとして、ジャンル問わずに行われるのが「**下３度ハモリ**」です。一般的に「ハモリ」という場合、こちらのハモリを思い浮かべることでしょう。

♪参考曲

- TSUNAMI ／サザンオールスターズ
- 運命の人／スピッツ
- Everything（It's you）／ Mr.Children
- 白い雲のように／猿岩石
- 君はメロディー／ AKB48
- 夏の終りのハーモニー／井上陽水・安全地帯　…etc.

下３度のハモリを置く際に注意するのは、「**コードのルートがメロディ（トップノート）に配置**」されているケースです。この場合、機械的に「３度下」でハモリを入れてしまうと、次の譜例のようにコードの性格を曖昧にしたり、壊してしまう可能性があります。

◆譜例２　下３度ハモリの考察

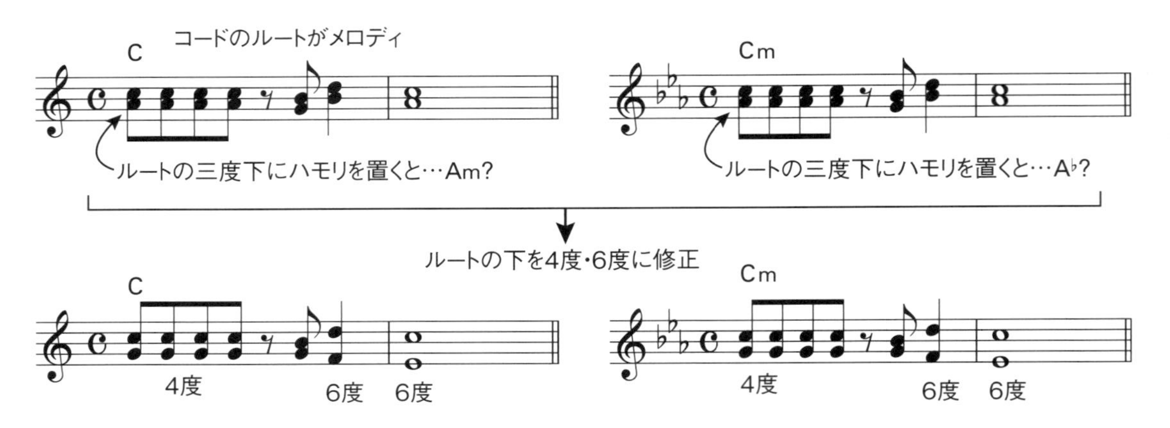

メジャー･コードでのルートの３度下は、6th に当たる音なので「好み次第」の部分があります。しかし、マイナー・コードの場合はアヴォイドにあたる「♭**6th（ラ♭）**」になるので避けるべきです。

それ以外（４度や５度）のハモリ

これは、３度ハモリの中に他の音程（例えば完全４度や長・短６度）を混ぜたり、さらには３度や６度をできるだけ避け、積極的に「完全音程（４度や５度）」を付けていく手法です。

次の譜例では同じメロディで同じコードにも関わらず、ハモリの音は変わっています。これは単調さの回避という意味合いもありますし、音楽的に豊かにするという目的でも行われます。

♪参考曲

- 名もなき詩／ Mr.Children
- ろくなもんじゃねぇ／長渕 剛
- Real Face ／ KAT-TUN
- バンザイ〜好きでよかった〜／ウルフルズ
- 明日、春が来たら／松たか子
- 蕾／コブクロ
- 点描の唄（feat. 井上苑子）／ Mrs.GREEN APPLE
- フライングゲット／ AKB48　…etc.

◆譜例3　下複合ハモリの例 1

完全５度から始まり次のレは経過音、長３度ハモリを経てさらに経過音、という流れになっています。

同じ音が連続するメロディはペダル（保続音）と同じ扱いになるので、ハモリは譜例のように動き回って構いません。但し、内声が動くアレンジは、かなり高度な技術が必要なので、安易な使用は避けましょう。

◆譜例4　下複合ハモリの例 2

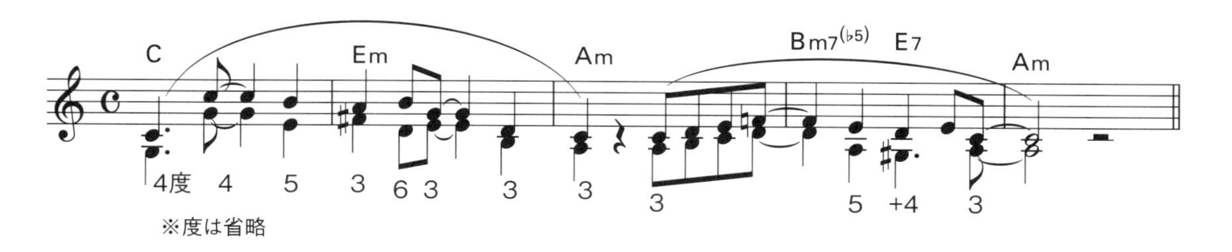

こちらの例は音程関係が多彩になっていますが、あくまでも調性やメインのメロディを邪魔しないように引き立て役に徹しているのが分かると思います。

唯一、2小節目の１拍目のみ、ダイアトニック･スケールではなく半音上げられた「F♯」を使っているのは、ファ（F）のままだとEm（IIIm）の♭**9thとなり不協和になる**からです。

後半の４小節目は、E7というセカンダリー・ドミナントに合わせてソ→ソ♯となっていて、次のAmに解決することを示唆しています。

あとがき

日本の「歌モノ」は戦後の大衆歌謡から始まり、欧米の音楽の影響も受けながら、グループ・サウンズ、ニューミュージック、演歌、アイドル、アニメソング、J-POP、ボーカロイドと全貌を把握するのはとても困難なほど広範に渡って成長してきました。

現代は、ネットメディアの台頭やテレビメディア離れにより、国民全体が共有できるヒット曲の数は激減しており、新作は一定のペースで出ているものの、80年代や90年代のポップスにまたスポットライトが当たるような現象も起きています。

作曲をする者にとって、可能性に満ち溢れた時代である一方、若い方からは「何を書いてよいか分からない」という声もよく聞きます。

そのような時に大切なのは「歌モノ」の核となる「メロディ」とは何か？をもう一度考えることです。本書はそんな皆様の為に少しでもヒントになればと思い、書かせて頂きました。

単なる技術論に留まらない「メロディ作りの方法」を是非、皆様も一緒に探求なさってくださることを心から願っています。

作・編曲家
彦坂 恭人（Yasuto Hikosaka）

◆著者プロフィール

作・編曲家／**彦坂 恭人**（Yasuto Hikosaka）

愛知県豊明市生まれ。桐朋高校卒業、在学中に作曲を橋本忠に師事。高校卒業後、10年間様々な職業を経験しながら独学で作曲とピアノを学ぶ。28歳の時に退職し、尚美学園大学芸術情報学部音楽表現学科(作曲コース)へ進学。

在学中に、作曲を坂田晃一（「もしもピアノが弾けたなら」・連続テレビ小説「おしん」・大河ドラマ・「いのち」・「春日局」）と川島素晴、和声を愛澤伯友、ジャズセオリーを外山和彦、三木俊雄に師事。また、同時期にジャズピアノにも興味を抱き、兵頭佐和子、南博に師事する。2012年に同大学を学費全額免除特待生として卒業。

現在は、作·編曲活動の他に、作曲·ピアノレッスンも行なっている。ポップス、映像音楽(映画·ドラマ·ゲーム等)の作曲家やジャズ·ミュージシャンとの交流が深く、常に音楽の本質を捉えようとする姿勢は注目を集めている。2017年に開催された「東京ゲーム音楽ショー2017」では菊田裕樹、伊藤翼とともに、「オレが考えたフィールド曲」公募企画ワークショップにもパネリストとして参加。

◎主な活動実績◎

・サントリーホール25周年記念特別事業パイプオルゴールファンファーレ《The Dawn Of Harmony》作曲
・プルメリアミュージックスクール講師（2014～）
・官公庁関連、民放ドラマ、コンシューマー・ゲームの音楽制作・協力の他、作・編曲作品多数。

◆主な楽曲提供作品（作曲）

・『わすれな草のメモリー～ Forget me not ～』林彦賓（2021）全日本こころの歌謡選手権大会・第3期課題曲。

◆受賞・表彰歴

・尚美学園大学音楽コンクール（作曲部門／第1位）
・第2回K作曲コンクール《Revoce/リヴォーチェ》（優秀賞）（2016）

◆編／著書（自由現代社・刊）

・コード&メロディで理解する「実践！やさしく学べるポピュラー対位法」（2013）
・楽器の重ね方がイチからわかる「実践！やさしく学べるオーケストラ・アレンジ」（2014）
・ワンランク上に挑む！「実践！本気で学べる究極のジャズ理論」（2015）
・「実践！作曲・アレンジに活かすためのポピュラー和声学」（2016）
・「実践！作曲・アレンジに活かすためのモード作曲法」（2017）
・モードからフーガまで「実践！しっかり学べる対位法」（2018）
・作曲、演奏に活かせる 「実践！本気で学ぶ至高のジャズ・アレンジ法」（2019）
・定番から応用まで 「実践！作曲の幅を広げるコード進行パターン&アレンジ」（2023）

【著者による個人レッスン】（完全予約制）

○場所：指定スタジオレッスン（高田馬場／新宿三丁目）
○回数：1～2回程度／月（1回60分～90分程度）※回数・頻度は相談可。
※レッスン内容
・音楽理論（楽典、ソルフェージュ、基礎～応用まで）
・作・編曲（和声・コード理論、対位法、管弦楽法、ビッグバンド・アレンジ、DTM）
・ピアノ（ポピュラー・ジャズピアノ）
○初心者～上級者（プロも含む）まで各自のレベルやご要望に合わせて進めて行きます。ピアノレッスンは「感覚だけに頼らない、上達に結びつくレッスン」をしております。
※詳細はメールにて、必ず「お名前／ご連絡先（電話番号・メールアドレス）を記載の上、お送り下さい。

【著者による作・編曲作品のご購入（ピアスコア）】https://store.piascore.com/search?c=953
【公式 YouTube チャンネル】https://www.youtube.com/user/yymusic728
【Mail】yasuto_hikosaka@yahoo.co.jp **【Twitter】**@ yymusic

コード進行とスケールを意識した **実践！メロディを作るためのアイデア&アレンジ** 定価（本体1800円＋税）

編著者――彦坂恭人（ひこさかやすと）
編集者――大塚信行
表紙デザイン――なないろ
発行日――2025年3月30日
編集人――真崎利夫
発行人――竹村欣治
発売元――株式会社自由現代社
〒171-0033 東京都豊島区高田3-10-10-5F
TEL03-5291-6221/FAX03-5291-2886
振替口座 00110-5-45925
ホームページ――http://www.j-gendai.co.jp

ISBN978-4-7982-2700-9